C.H.BECK WISSEN

in der Beck'schen Reihe

Im Zentrum dieses informativen Überblicks stehen die Ereignisse der Reformation vom Thesenanschlag 1517 bis zum Augsburger Religionsfrieden 1555 unter Berücksichtigung der neuesten sozial- und religionsgeschichtlichen Forschungsergebnisse. Das Buch skizziert ferner die Deutungsmuster der Reformation, die je nach Lager – z.B. katholisch, marxistisch, protestantisch, sozialhistorisch – stark differierten.

Luise Schorn-Schütte ist ordentliche Professorin für Neuere Geschichte unter besonderer Berücksichtigung der Frühen Neuzeit an der Goethe-Universität Frankfurt am Main. Ihr spezielles Interesse gilt der Umbruchphase vom 15. zum 16. Jahrhundert sowie der Geschichte des politischen Denkens in der Frühen Neuzeit.

Luise Schorn-Schütte

DIE REFORMATION

Vorgeschichte – Verlauf – Wirkung

Verlag C.H.Beck

Den Potsdamer Studenten
und Mitarbeitern

1. Auflage. 1996
2. Auflage. 2000
3., durchgesehene Auflage. 2003
4., aktualisierte Auflage. 2006

5., ergänzte Auflage. 2011

Originalausgabe

Satz, Druck u. Bindung: Druckerei C.H.Beck, Nördlingen
Umschlagentwurf: Uwe Göbel, München
Printed in Germany
ISBN 978 3 406 61739 3

www.beck.de

Inhalt

I. Einleitung

„Es begann mit Hammerschlägen." So ließe sich das Bild von der Reformation, das bis heute das historische Selbstverständnis der Deutschen prägt, kennzeichnen. Es gilt noch immer, selbst wenn deutlich ist, daß die Reformation für die Entfaltung einer historischen Identität in Deutschland entscheidend an Gewicht verloren hat. Gemessen an dem Stellenwert, den sie für ein protestantisch-deutsches Selbstverständnis seit der Mitte des 19. Jahrhunderts entfaltet hatte, ist eine solche Relativierung weder verwunderlich noch zu bedauern. Die Chance der Gegenwart besteht vielmehr gerade darin, die Deutungsvielfalt, die *die* Reformation hat über sich ergehen lassen müssen, zu entflechten, die einzelnen Angebote in ihrem spezifischen Informationsgehalt zu prüfen und damit – vielleicht – zur Weiterführung historischer Identifikationsmuster beizutragen. Denn die Vergangenheit ist kein unabänderlich feststehender Block eindeutig identifizierbarer Fakten! Sie ist vielmehr eine zeitgebundene Rekonstruktion generationenbezogener Erinnerungen und insofern durch die jeweils nachfolgenden Generationen neu beschreibbar. Jede Gegenwart könnte sich eine neue Geschichte schreiben, oder, wie es ein amerikanischer Historiker jüngst formulierte, „[...] die Gegenwart [verandert] die Geschichte" (Brady, Gott, S. 11).

Vor dem Hintergrund dieser Einsichten kann eine Darstellung *der* Reformation selbst für eine so weitgehend säkularisierte Gesellschaft wie diejenige des wiedervereinigten Deutschland an Bedeutung gewinnen, in der das Gewicht der christlichen Konfessionen eher ab- als zugenommen hat. Denn mit der Reformation verbanden sich in den bis 1989 doppelten historischen Erinnerungskulturen durchaus gegensätzliche Deutungsmuster von Vergangenheit. Es ist das Anliegen dieses kleinen Buches, durch deren Skizzierung *die* Reformation aus ihren Zeitbindungen durch vierzig Jahre gegensätzlicher deutscher Historiographie zu lösen und damit deutlich zu machen, daß bei aller durchaus fruchtbarer Arbeit der vergangenen

Jahrzehnte die Beschreibung und Deutung des reformatorischen Geschehens nunmehr wieder neu beginnen könnte!

Das führt zu einer für die frühneuzeitliche Geschichte zentralen Verständnisachse: dem Verhältnis von Religion und Gesellschaft, von Staat und Kirche. Die Einheit der Christenheit war das für das vorreformatorische Europa selbstverständliche Merkmal; in ihr verbanden sich Kirche und Welt, Religion und Politik miteinander. Daß diese Verzahnung unheilvolle Wirkungen hatte, sollte bekanntermaßen zum zentralen Konfliktpunkt für die reformatorische Bewegung werden. Mit der Entfaltung mehrerer konfessioneller Kulturen aber war die spätmittelalterliche Verzahnung keineswegs beendet, vielmehr in einem sich gegenseitig ausschließenden Wahrheitsanspruch konfliktverschärfend wirksam. Für den Historiker ist diese Tatsache von großer Wichtigkeit, wird darin doch deutlich, daß die Reformation eben nicht, wie von seiten der konfessionsbewußten protestantischen Historiographie des 19. und frühen 20. Jahrhunderts stets betont, den Beginn der Entflechtung von Religion und Politik im Sinne einer Freisetzung der Individuen markierte. Die Verflechtung von Religion und Gesellschaft im Sinne der Einbindung des Einzelnen in die christliche Gemeinschaft, wodurch die Kontrolle ebenso verstärkt werden konnte wie die Verchristlichung der Lebensführung, fand stattdessen eine Steigerung – mit allerdings begrenztem und konkurrierendem Wirkungsgrad.

Diese den nationalprotestantischen Blick des 19. und beginnenden 20. Jahrhunderts korrigierende Sicht macht deutlich, daß Religion in der Frühneuzeit kein Teil einer wie auch immer zu definierenden Restmenge „Kultur“ ist. Vielmehr heißt Religion „ebenso Öffentlichkeit und Gemeinschaft“ wie „Einsamkeit und Versenkung“ (Lutz, Einheit, S. 25). „In einem Zeitalter christlicher Einheitskultur mußte“, so schrieb der Wiener Historiker Heinrich Lutz (1922–1986) sehr treffend, „jedes Ringen um Reform der Kirche [...] unmittelbar die Gesellschaft als Ganzes betreffen“ (ebd.). Und damit ist offensichtlich: Eine Beschreibung der Reformation in Deutschland bedeutet stets Darstellung der wechselseitigen

Kurfürst Johann Friedrich der Großmütige von Sachsen mit Luther, Spalatin, Brück und Melanchthon. Gemälde von Lucas Cranach d. Ä., um 1530. Toledo, Ohio, Museum of Art, Gift of Edward Drummond Libbey.

Verzahnung von weltlichen und geistlichen Ursachen, ohne daß die Dominanz eines einzigen Faktors zu behaupten wäre! Neueren Forschungsansätzen folgend soll vielmehr davon ausgegangen werden, daß auch für das Zeitalter der Reformation die Einheit einer zeitgenössischen „Kultur“ als Gesamt von Werthaltungen, Sinngebungen, Denkformen einerseits und der daraus resultierenden Formen sozialen, politischen und wirtschaftlichen Handelns andererseits existierte (Oexle, Kultur, S. 119). Das ist eine klare Absage an eine marxistische Geschichtsdeutung und es ist zugleich ein Votum für die Wiederbelebung des Nachdenkens über die Tragfähigkeit einer historischen Kulturwissenschaft, wie sie im Deutschland der zwanziger Jahre unseres Jahrhunderts eine gute Tradition hatte.

Bereits diese nur einleitenden Bemerkungen zeigen, von welch weitreichender Bedeutung das Nachdenken über die Reformation sein kann: im Blick auf die methodischen Grundfragen historischer Arbeit einerseits, die Relevanz von Geschichtsschreibung andererseits. Dieser Einsicht folgt die Gliederung der folgenden Ausführungen. Dem beschreibenden Teil schließt sich ein Kapitel an, das den verschiedenen Deutungsmustern der Reformation gewidmet ist, die seit der epochalen Darstellung der Reformation als „Ursprung der Spaltung in der Nation“ durch den Berliner Historiker Leopold v. Ranke (1795–1886) vorgetragen wurden. Das Wissen um die Verzahnung beider Bereiche muß durchaus betont werden. Die wissenschaftliche Arbeit aber bedarf der analytischen Trennung – das gilt auch für die Geschichtswissenschaft.

Der Charakter einer allgemeinverständlichen Einführung in die Geschichte der Reformation – aus der Perspektive des Historikers, nicht des Theologen – führte zur Beschränkung auf die Entwicklungen im deutschsprachigen Raum des damaligen Europa, die mit dem Augsburger Religionsfrieden 1555 einen ersten Abschluß fanden. So unbestreitbar die überregionale Verzahnung historischer Abläufe auch in der ersten Hälfte des 16. Jahrhunderts bereits war, so unbestreitbar bleibt die Initiatorfunktion der Wittenberger Thesenpublikation, die ausstrahlende Wirkung ihres theologischen Anliegens. Deren Weiterformung durch den Zürcher Reformator Huldrych Zwingli (1484–1531) gehört in den politischen Rahmen des frühneuzeitlichen Alten Reiches mit hinein, selbst wenn die Autonomie der Schweizerischen Eidgenossenschaft faktisch seit dem Beginn des Jahrhunderts bestand.

II. Kontinuität und Umbruch. Religion, Politik, soziale Ordnung am „Vorabend der Reformation"

Es nimmt der historischen Persönlichkeit nichts von ihrem Charakter, wenn betont wird, daß sie eingebunden ist in die großen Linien historischen Wandels. Das gilt auch für Martin Luther (1483–1546). Selbst wenn die protestantische Geschichtsschreibung des 19. Jahrhunderts seit Leopold v. Ranke die zäsursetzende Bedeutung des Wittenberger Reformators besonders hervorgehoben hat, bleibt das Ergebnis der jüngeren Forschung als Relativierung bemerkenswert: Luthers reformatorisches Anliegen war keineswegs so neu wie dies gerne behauptet wurde. Es läßt sich einordnen in eine lange Tradition der Kirchenkritik und der Bemühungen um Kirchenreform seit dem Spätmittelalter.

Äußerlich schienen die weitreichenden Krisen des 14. und 15. Jahrhunderts in Gestalt von Schismen und Konzilsbewegungen überwunden. Die zahlreichen Reformbewegungen – die älteren v.a. in den Orden und in der Seelsorge (devotio moderna), die jüngeren in Gestalt der humanistisch geprägten Erneuerungsversuche (eruditio christiana) – waren kirchenkonform; es ging um die „Reinigung" der Kirche, um ihre Rückkehr zu den ursprünglichen Formen. Zu Recht wird dies in der Forschung als „evolutionärer Weg der Erneuerung" beschrieben (Lutz, Einheit, S. 96). Nehmen wir hinzu, worauf v.a. der Göttinger Kirchenhistoriker Bernd Moeller unermüdlich hingewiesen hat, daß nämlich am Vorabend der Reformation die Intensität der Frömmigkeit unter den Gläubigen in Deutschland einen Höchststand erreichte (Moeller, Zeitalter, S. 38), so wird die Frage immer brennender: Warum wird gerade die Thesenpublikation des Augustinereremiten und Wittenberger Theologieprofessors Luther zu einem derart „weltbewegenden" Ereignis? Und warum gewann die reformatorische Bewegung gerade in Deutschland (von den Zeitgenossen als Altes Reich bezeichnet) und gerade zu diesem Zeitpunkt eine so weitreichende Wirkung?

1. Humanismus und Reform von Kirche und Reich

Wir haben damit die Fragen nach den religiös-kirchlichen, die zugleich diejenigen nach den politisch-verfassungsmäßigen Zuständen im Alten Reich am Vorabend der Reformation waren, gestellt. Offensichtlich hatten gerade in der spätmittelalterlichen Gesellschaft Deutschlands die allgemeinen Spannungen, Ungleichzeitigkeiten und Widersprüche, die im Europa der Wende vom 15. zum 16. Jahrhundert überall zu bemerken waren, einen Umfang erreicht, der auf Entladung zusteuerte. Die Geschicke des Alten Reiches waren zudem mit demjenigen des Papsttums auf intensivere Art und Weise verbunden als diejenigen der v.a. westeuropäischen, im Werden begriffenen nationalen Gesellschaften jener Jahrzehnte. Und schließlich war die Auffassung weit verbreitet, daß es in hohem Maße legitim, ja Christenpflicht sei, die Reinigung und Reform der Kirche zu betreiben, um das Wachstum der Frömmigkeit und die Entwicklung der Kirche zu befördern. Eben dies war das Besondere der *humanistischen* Reformbewegung! Daß ihr Anliegen stets in die Welt hineinwirkte, selbst wenn zuvörderst die Reform der kirchlichen Institutionen gemeint war, wußten auch die Humanisten, insbesondere diejenigen unter den Reformatoren.

Der *Humanismus* war in erster Linie eine Bildungsbewegung, der es unter dem Einfluß der italienischen Renaissance um die Wiederbelebung der Kultur der klassischen Antike ging, die in Deutschland zur Erforschung der Traditionen auch des deutschen Altertums führte und darin erste Ansätze einer nationalen Identität formulierte. Der Humanismus als Bewegung im Interesse tiefergreifender Bildung der Eliten wirkte „im Bewußtsein laikaler Eigenständigkeit und Überlegenheit" (Moeller, Zeitalter, S. 43) und entfaltete breite Wirkung für die kirchliche Reformbewegung. In der Person seines bekanntesten Vertreters Erasmus von Rotterdam (1466/69–1536) fügte sich theologische Grundkritik mit der humanistischen Bildungsreform zusammen. Eine humanistische Theologie, die sich mit der akademischen Lehre der Scholastik auseinandersetzte, gab es schon seit geraumer Zeit. Sie besaß eine spezifische Struktur und „die Frage der christlichen Lebensführung des Einzelnen, [...] das Ernstnehmen der christlichen Morallehre“ waren der Grund für die prägende Kraft jener Elitenbewegung (Moeller, Zeitalter, S. 44/45). Sie fand ihren Platz deshalb vor allem im Umkreis der Universitäten und in den literarischen Zirkeln der um Bildung bemühten Stadtbürger.

Der in diese Richtung wirkende Humanismus begünstigte die Akzeptanz der Kirchenkritik unter den Zeitgenossen. Diese war kein Phänomen der Eliten allein. Die tiefe Religiosität der Zeit intensivierte das Empfinden für die Unzulänglichkeiten der geistlichen Amtsträger einerseits, der Kirche als Institution andererseits. Darin äußerte sich die *neue Dimension* der *Kirchenkritik*: im Unterschied zum Ruf nach einer reformatio ecclesiae im hohen Mittelalter richtete sich diese nun erstens gegen die Kirche selbst, insbesondere gegen das Papsttum; der Ruf nach einer Reform an „Haupt und Gliedern“ war kennzeichnend. Zweitens hatte sich eine neue soziale Basis für die Reformforderungen gebildet: nicht mehr fromme Kleriker allein wie im Hochmittelalter riefen nach Änderungen, nun waren es die Laien selbst in Gestalt des erwähnten gebildeten Bürgertums, der städtischen Obrigkeiten, der Landesherren.

Am sichtbarsten wurden die *Mißstände* innerhalb der *Priesterschaft*. Vor allem der Mißbrauch des geistlichen Amtes als Versorgungsinstitution erregte tiefen Unmut, denn dadurch traten dessen pastorale Aufgaben in den Hintergrund. Zugleich zeigte sich hier die soziale Problematik der alten Kirche, die in ihrer Struktur als „Adelskirche“ begründet war. Während die hohe Geistlichkeit zumeist dem hohen Adel entstammte, rekrutierten sich alle anderen Kleriker aus den übrigen Gruppen der Gesellschaft, d.h. aus dem Stadtbürgertum und der bäuerlichen Bevölkerung, selbst wenn die viel zitierten Bauernsöhne keineswegs das große Potential des Klerus bildeten, von dem häufig noch immer gesprochen wird. Die Distanz zwischen hoher und niederer Geistlichkeit war auch eine soziale; sie wurde stabilisiert durch die damit verbundenen wirtschaftlichen Unterschiede. Denn während der hohe Klerus durch ausreichende Pfründen versorgt war, fehlte dem niederen Klerus (sowohl dem Welt- als auch dem Ordensklerus, wobei beide Gruppen in den Gemeinden die pastoralen Aufgaben wahrnehmen konnten) recht häufig eine ausreichende wirtschaftliche Absicherung. So gab es Kapläne, die mit einem Viertel des Lohns eines Maurergesellen am Anfang des 16. Jahrhunderts auszukommen hatten. Die wiederholt geübte Praxis der Pfründenkumulation und Abwesenheit vom Pfarrort verschärfte das Problem in seiner Wirkung auf die Gemeinden weiter: die Pfarrverwalter, die stattdessen die pastoralen Aufgaben wahrzunehmen hatten (um 1500 waren davon am Niederrhein z.B. die Hälfte aller Pfarreien betroffen), wurden nur unzureichend bezahlt, ihre persönliche oder auch theologische Eignung waren selten Kriterien für ihre Anstellung.

Distanz zwischen hohem und niederem Klerus bestand aber schließlich auch aufgrund der verfassungsrechtlichen Sonderstellung, die die meisten Bischöfe und viele Äbte als Reichsfürsten im Alten Reich innehatten. Die damit gebotene Verbindung zwischen geistlichem Amt und weltlicher Macht beschleunigte die Verweltlichung der Amts- und Lebensführung dieser Würdenträger; aus ökonomischen Gründen war sie im übrigen auch zum Problem des niederen Klerus geworden. Denn insbesondere die schlecht ausgestattete und zudem unzureichend ausgebildete Landgeistlichkeit war im Rahmen des kirchlichen Abgabensystems gezwungen, alle Gebühren für kirchliche Amtshandlungen unerbittlich einzutreiben, als Zusatz zum Lebensunterhalt z.B. Gastwirtschaften oder andere Handelsgeschäfte zu betreiben. Nimmt man hinzu, daß das Konkubinat recht weit verbreitet war, so ist das Bild geschlossen: dem Zwang zur Verweltlichung konnten sich nur wenige entziehen, die von den Laien erwartete Vorbildlichkeit der Lebensführung verkehrte sich in ihr Gegenteil, die Unglaubwürdigkeit vieler geistlicher Amtsträger war Realität.

Aus dieser Beschreibung folgt nicht, daß die Alte Kirche insgesamt verrottet gewesen wäre, wie dies im Kirchenkampfklima des Kaiserreichs der achtziger und neunziger Jahre des 19. Jahrhunderts beschrieben wurde. Die Gegendarstellung des katholischen Kirchenhistorikers Johannes Janssen (1829–1891) hat zur Korrektur dieser Analyse zahlreiche Belege gesammelt, die für die heutige Forschung weiterhin Gültigkeit haben; der Reformationshistoriker der Weimarer Republik, Paul Joachimsen (1867–1930), wies darauf zu Recht hin. Trotz der beschriebenen Mißstände existierten durchaus intakte Klöster; verantwortungsbewußte Priester und Bischöfe versuchten ihre pastoralen Pflichten zu erfüllen. Und auch der stets so beklagte niedrige Bildungsstand der Kleriker war nicht durchgängige Realität. Universitätsbildung z.B. war in 30 bis 50% der Fälle vorhanden, allerdings ohne einen Abschluß. Diese Zustände wurden innerhalb des katholischen Klerus durchaus thematisiert; das Wissen um die Richtung wirklicher Lösungen, das mit einer allgemeinen Adelskritik einhergehen konnte, zeigte sich z.B. im Erbauungsbuch des Franziskanerpredigers Johannes Pauli (veröffentlicht 1518/19): „Es war ein Priester, der ward verklagt vor dem Bischof", so heißt es dort, „wie er also ungelehrt war. Der Bischof schickte nach ihm und sprach zu ihm: ‚Man sagt, wie ihr so schlecht zu brauchen seid zu der Pfarre, die ihr habt; ihr sollt euch versetzen lassen.' ‚Gern, Herr', sprach der Priester, ‚laßt mich Bischof sein und nehmt ihr die Pfarre.'" (Lutz, Einheit, S. 103)

Für die Geistlichen und die Laien unter den Kirchenkritikern stand eines fest: die Besserung der Verhältnisse in Deutschland war nur möglich im Zusammenhang einer ohnehin immer wieder diskutierten *Reform der Reichsverfassung*. Die aber stellte eine bis dahin ungelöste Aufgabe dar; der enge Zusammenhang zwischen Reichs- und Kirchenreform war durch die Unwilligkeit oder Unfähigkeit des nach der Konzilszeit wieder erstarkten Papsttums aufgelöst worden. Deshalb setzten die Zeitgenossen um 1500 auf die Realisierung zumindest der Reichsreform große Hoffnungen. Und in der Tat wurde sie innerhalb kürzester Zeit am Ende des 15. Jahrhunderts in Angriff genommen; wichtige Entscheidungen fielen auf den Reichstagen zu Worms und Augsburg 1495 und 1500. Mit der Verkündung des allgemeinen Landfriedens 1495 in Worms wurde das alte Fehderecht zugunsten allgemeinverbindlicher Rechtsnormen aufgehoben. Dem Wunsch nach einer weltlichen Obrigkeit, die den Frieden tatkräftig bewahren könne, entsprach diese Regelung durchaus.

Und Frieden im Innern wie im Äußern erhofften die Zeitgenossen. Die eklatante Schwäche des Reiches an der Jahrhundertwende war bedrohlich: der Rechtsunsicherheit im Innern entsprach die Bedrohung von außen in Gestalt der vordringenden Türken. Angesichts solcher Gefahren versuchten die Landesherren – als ständische Kraft im Reich von nicht zu unterschätzender Bedeutung – ihre territoriale Herrschaft zu konzentrieren, um sie zu intensivieren. Um so dringlicher wurde nunmehr die Stärkung der Reichsgewalt durch Neuordnung. In zähem Ringen zwischen Kaiser und Reichsständen (s. Schaubild S. 41) um das politisch Machbare gelangen Kompromisse, die sich „als ungemein lebensfähig und zukunftsträchtig erwiesen; das spricht dafür, daß sie den Bedürfnissen und auch den realen politischen Kräfteverhältnissen des Zeitalters einigermaßen entsprachen" (Rabe, Jahrhundert, S. 114).

Als zentrales Entscheidungsorgan fungierte seit 1495/1500 der *Reichstag* als oberstes Organ der Gesetzgebung und politischen Beschlußfassung im Reich. Zusammengesetzt war er als Repräsentation der ständischen Machtträger, ein „Hauch von nationaler Repräsentation" ist nicht zu bestreiten. Das *Reichskammergericht* als oberstes Organ der Rechtsprechung wurde erneuert, das römische Recht allmählich zur Grundlage der Entscheidungen gemacht, als Richter fungierten mehrheitlich studierte Juristen. Das *Reichsregiment* schließlich war das schwierigste Anliegen der Reform: als überwiegend ständisch organisiertes Regierungsgremium sollte es permanent tagen und dem Kaiser gegenüber weitgehend unabhängig sein. Damit trafen zwei Konzeptionen politischer Herrschaft in einer ohnehin gespannten Atmosphäre aufeinander, deren Zielsetzungen sich nur schwer vereinbaren ließen: „eine monarchische und eine ständisch-genossenschaftliche Konzeption" (Lutz, Einheit, S. 123), verkörpert in Kaiser Maximilian I. (1459–1519) einerseits, dem Mainzer Kurfürsten Berthold v. Henneberg (1491/92–1504) als Vorsitzendem des Kurfürstenkollegs andererseits. Diesem „ging es um eine im genossenschaftlichen Sinne von den Ständen bestimmte und – vor allem – an den innenpolitischen Zielen von Recht und Frieden orientierte Regierungsbehörde" (ebd.), während der Kaiser diese Einrichtung als unangebrachten Versuch betrachtete, seine Kompetenz als Reichsoberhaupt zu beschneiden. Es ist bezeichnend für die politische Kultur um die Wende vom 15. zum 16. Jahrhundert, daß der Mainzer Kurfürst sich mit seinen Reformansätzen als Bewahrer von guten Traditionen betrachtete, für die Religion, Recht, Politik und Ethik aufs engste verknüpft waren und die gemeinsame norma normans der Reichsreform abgeben sollten. Stärkung weltlicher Obrigkeit war für diese Vorstellung nicht gleichbedeutend mit der Stärkung der kaiserlichen Herrschergewalt, aber gleichbedeutend mit der Verpflichtung der weltlichen Gewalt zum Eingriff auch in die Belange der Kirche, um die Mißstände im Sinne innerer Befriedung zu beseitigen. Daß darin auch ein gerüttelt Maß Papst- und Romkritik verbunden mit einer bemerkenswerten Konkurrenz zwischen Landesherrschaft und der Alten Kirche um die Anteile am Steuereinkommen enthalten war, liegt auf der Hand. Selbst wenn B. v. Henneberg den unbekannten Verfasser jener Anonymschrift, die als *Oberrheinischer Revolutionär* bekannt und viel erforscht ist, nicht auf dem Wormser Reichstag von 1495 dulden wollte, so zeigt sich in dessen Äußerung das Anliegen der Zeitgenossen der Jahrhundertwende, das auch dasjenige des Kurfürsten war: Beseitigung der Mißstände in Kirche *und* Gesellschaft durch Rückkehr zu den Maßstäben christlicher Lebensführung.

Die Hoffnungen auf die Reichsreform wurden nur halb erfüllt. Dem Reichsregiment gelang die erstrebte Einbindung der kaiserlichen Gewalt nicht. Schon Kaiser Maximilian war es möglich, die wiederbelebten oder neugeschaffenen Reichsinstrumente zu umgehen; bereits zwei Jahre später löste es sich wieder auf. Das Eigeninteresse der Landesherren fand sich in der Ablehnung einer übergeordneten Reichsidee mit dem monarchischen Interesse des Kaisers zusammen und zerstörte die für das Konzept des Mainzer Kurfürsten notwendige reichsständische Solidarität.

In der älteren Forschung wurde das Reichsregiment keineswegs so positiv gesehen wie dies hier mit der neueren Forschung geschieht. Unter dem Blickwinkel des nationalen Einheitsgedankens des 19. Jahrhunderts bedeutete die zweifellos zu konstatierende Festigung der territorialen Staatlichkeit gegenüber dem Anspruch des Reiches eine „Niederlage"; das Reichsregiment war gescheitert. Auch wenn dies heute nicht bestritten wird, so ist die Wertung eine andere. In dem Bemühen um Reform von Reich und Kirche äußerte sich das für die deutsche Geschichte des ausgehenden Mittelalters ebenso wie der beginnenden Neuzeit charakteristische Ringen zwischen monarchischer Reichsgewalt und reichsständischem Autonomieanspruch. Die Reichsreform war aus der Sicht der Stände deshalb stets orientiert an verfassungspolitisch „konservierenden" Elementen politischer Ordnung; es ging ihnen nicht um „staatliche Verdichtung" (Rabe, Jahrhundert, S. 113). Die Etablierung eines Dualismus bei der deutschen „Staatswerdung" war seitdem der Grundzug deutscher Verfassungsordnung. Und es wurde zum Grundzug der Reformation in Deutschland, daß sie einerseits von diesem Dualismus geprägt wurde, ihn andererseits in seiner weiteren Entfaltung mitbestimmte!

2. Ständische Ordnung und sozialer Wandel

Eine Gesellschaft ist immer im Wandel – diese Binsenwahrheit trifft auch auf die im Vergleich zu modernen Sozialordnungen außerordentlich statische Gesellschaft der beginnenden Neuzeit um 1500 zu, die gemeinhin als Ständegesellschaft bezeichnet wird. Die „neue Dynamik" (Moraw, Verfassung,

S. 389) des ausgehenden 15. Jahrhunderts (seit etwa 1470 läßt sich eine Zeitphase aufwärtsweisender Konjunktur beobachten) hatte soziale Kosten, die sich in Gestalt von sozialen Unruhen insbesondere unter der bäuerlichen Bevölkerung in den südlichen Regionen des Alten Reiches wiederfinden. Die Ziele der Bauern waren dabei keineswegs auf grundlegenden Wandel gestimmt; vielmehr ging es auch hier (wie schon für die Reichsreform beschrieben) um die „Erhaltung oder Wiederherstellung der herkömmlichen Verhältnisse" (Rabe, Jahrhundert, S. 197). Der Kampf galt als Auseinandersetzung um das „alte Recht".

Die Feststellung der Kontinuität von den spätmittelalterlichen Bauernerhebungen seit 1431/32 (Tumulte in der Gegend von Worms) bis zum Bauernkrieg 1525 besagt nicht, daß es sich um eine übergreifende, einheitliche Krise um 1500 gehandelt habe; dazu waren die Kommunikationsstrukturen in der frühneuzeitlichen Gesellschaft denkbar ungeeignet. Für unsere Überlegungen bedeutsamer ist, daß offensichtlich auch die soziale Wirkung der Reformation keinen plötzlichen und „grundstürzenden" Charakter trug: Die Veränderungen innerhalb der Ständegesellschaft, die sie auslöste, waren längerfristig vorbereitet.

Die ständische Gliederung des ausgehenden 15. und beginnenden 16. Jahrhunderts war eine mehrschichtige; üblich war die Unterscheidung zwischen Adel, Bürger und Bauer, alle drei aber konnten einander auch wieder als weltlicher und geistlicher Stand gegenübergestellt werden. Der Klerus galt als erster Stand, der Adel als zweiter, der Bürger als dritter (und ab und an auch die Bauern als vierter Stand). Die von allen anerkannte Legitimität dieser Ordnung rührte aus der Vorstellung, daß die Ständegliederung bestimmten unterschiedlichen Funktionen entspreche. Deshalb galt jeder Stand als unverzichtbar, ihre Gleichrangigkeit aber war damit nicht behauptet. Die besondere Würde des Adels wurde allgemein anerkannt.

Die Realität wich von der Dreigliedrigkeit häufig ab. Am eindeutigsten läßt sie sich noch für die rechtlichen Unterschiede zwischen den Ständen beschreiben: für den Bürger galt städtisches, für den Bauern dörfliches Recht, der Adel durfte nur vor ein vom Adel besetztes Gericht gestellt werden und der Klerus wurde nach den Regeln des kanonischen (geistlichen) Rechts verurteilt. Gerade das Bemühen der Städte, das Sonderrecht für die Geistlichen, die in ihren Mauern wohnten, zu beseitigen, zeigt, daß die Trennung zwischen den ständischen Gruppen auch hier unscharf wurde. Ihre Bindung aufgrund der Geburt erlebte an der Jahrhundertwende eine Relativierung, so daß von einer gewissen sozialen Mobilität gesprochen werden kann (z.B. Nobilitierung hoher bürgerlicher Beamter).

Gerade der Adel des ausgehenden 15. Jahrhunderts betonte seine ständische Geschlossenheit aber wieder neu, da politisch-soziale Strukturveränderungen seine traditionelle Stellung zu bedrohen begannen. Dies geschah vor allem durch das Vordringen des (vornehmlich juristisch) gebildeten Bürgertums in die Landesverwaltung und den Einsatz von Söldnertruppen für die Friedenssicherung. Da die Tätigkeit in bürgerlichen Geschäften als nicht standesgemäß galt, vermehrten sich adliger Sinnverlust und sein auch für die Zeitgenossen als unzeitgemäß empfundenes Eintreten für die traditionellen Tugenden. Der Fall des Götz v. Berlichingen (ca. 1480–1562) ist charakteristisch: die Spannung zwischen *ritterlichem* Ideal und sozialer Wirklichkeit machte ihn zum Fehde führenden Raubritter, der zwar für sich an wirtschaftlichem Spielraum gewann, insgesamt aber dem Ansehen des Adels durchaus schadete. Der Versuch der ganzen Gruppe, sich durch den korporativen Zusammenschluß zum ritterschaftlichen Verband (Reichsritterschaften) eine politische Autonomie zu sichern, war auf Dauer zum Scheitern verurteilt.

Funktionsverlust zum einen, wirtschaftlicher Umbruch zum anderen prägten die Stellung des Adels um 1500. Der Strukturwandel der Grundherrschaft, der durch die spätmittelalterliche Agrardepression ausgelöst wurde, veränderte die adligen und die bäuerlichen Lebensformen gleichermaßen. Der Lebensstandard des Landadels lag zu diesem Zeitpunkt unterhalb desjenigen wohlhabender Stadtbürger, denn der Verfall der Getreidepreise und der Wegfall der Leistungen aus zahlreichen aufgegebenen Höfen hatte einschneidende Einkommensverluste zur Folge. Und obgleich sich die Agrarkonjunktur um 1470, wie oben erwähnt, wieder belebte, war die Wirkung für den Adel erst mit einer gewissen Verzögerung präsent, denn die Wiederbesetzung bäuerlicher Hofstellen brauchte Zeit. Mit zäher Konsequenz weigerten sich die Bauern zudem, die Rücknahme der ihren Vorgängern in der spätmittelalterlichen Wirtschaftsflaute zugestandenen Abgabenminderungen zu akzeptieren: die wirtschaftlich schwierige Lage der adligen Grundherren führte zu sozialen Spannungen, der Frieden im Dorf und in der Grundherrschaft war um die Wende vom 15. zum 16. Jahrhundert bedroht.

In dieser Zeitphase prägten sich die Unterschiede zwischen dem östlichen und dem westlichen Deutschland aus: man ging verschiedene Wege bei der Entwicklung der Agrarverfassung. Die mit dem neuen Jahrhundert auch für den Adel wirksam werdende Agrarkonjunktur versetzte ihn in die Lage, immer größere Landgebiete in Eigenwirtschaft zu bearbeiten, mit der für die bäuerliche Bevölkerung fatalen Wirkung einer neuerlichen Erhöhung der Dienstpflichten bis hin zur Wiedereinführung der Schollenpflicht. Die Gutsuntertanen wurden zum *Zubehör* des Gutes, Grundherrschaft wandelte sich zu *Gutsherrschaft*. War es da verwunderlich, daß sich, wenn auch mit einem deutlichen Schwerpunkt im Süden des Alten Reiches, bäuerlicher Unmut regte? Die Existenz zahlreicher spätmittelalterlicher Bauernrevolten ist Beleg für die Konflikthaftigkeit der Jahrzehnte vor der Reformation, wobei die Formen des bäuerlichen Unmuts unterschiedlichster Art sein konnten: von der Beschwerde über die Verweigerung der Abgabenleistung bis hin zu gewaltsamen Erhebungen. Rein numerisch nahmen die Unruhen zu: bis 1450 zählte man vierzehn, bis 1500 weitere sechsundzwanzig! Ein Zusammenhang dieser Unruhen wurde von den Zeitgenossen nicht gesehen. Auch deshalb ist „die Vorstellung von einer langgestreckten konkreten Vorgeschichte des Bauernkrieges fraglich“ (Moraw, Verfassung, S. 401).

Und was kennzeichnete die *Stadt* als Sitz des Bürgertums am „Vorabend der Reformation"? Gewiß war der Unterschied zum Land um 1500 nicht so gravierend wie er sich Jahrhunderte später darstellte; aber auch für die Zeitgenossen wurden die Lebensformen von Bürgern und Bauern bzw. Adel als unterschiedliche wahrgenommen. Am sichtbarsten äußerten sie sich in der Existenz einer Stadtmauer und einer Stadtverfassung: das eine als Zeichen der Wehrhaftigkeit auch und gerade gegenüber dem Land, das andere als Zeichen der spezifischen politischen Existenzform des Stadtbürgertums. Indem der Einzelne sich durch Eid verpflichtete, für das allgemeine Beste der Stadt einzustehen, wurde er zum Bürger. Diesem gewährte die Stadtverfassung ein weitaus höheres Maß an genossenschaftlicher Selbstverwaltung, als dies auf dem Lande je denkbar gewesen wäre (Rabe, Jahrhundert, S. 86). Das änderte aber nichts daran, daß es parallel dazu sehr herrschaftliche Züge in der städtischen Praxis gab. Bereits die Stadträte im ausgehenden 15. Jahrhundert betrachteten die Bürger als Untertanen, sich selbst als Obrigkeit. Das insbesondere in den Reichsstädten weit entwickelte stadtbürgerliche Selbstverständnis (für dessen Entfaltung spielten Wirtschaftskraft und politische Funktion als Tagungsort des Reichstages eine wichtige Rolle) wies allerdings solche Charakterisierungen zurück: zuletzt in den Zunftkämpfen des 14./15. Jahrhunderts war die Beteiligung des handwerklich-zünftischen Elements am Stadtregiment durchgesetzt worden. Das Prinzip der wechselseitigen Stützung zwischen Herrschenden und Beherrschten beruhte auf dem spezifisch vormodernen Grundprinzip, wonach die Stadt eine *Konsensgemeinschaft* bildete; die genossenschaftliche Vereinbarung zwischen Gleichberechtigten war die Legitimität stiftende Grundlage der politischen Ordnung.

Selbstverständlich weiß der Historiker, daß dieses Ideal mit der Realität nicht deckungsgleich war; auch innerhalb der Stadtbevölkerung existierten starke soziale Differenzierungen. Bemerkenswert aber ist gerade deshalb, daß sich die Konfliktparteien innerhalb der städtischen Auseinandersetzungen, die um 1500 verstärkt auftraten, einhellig auf das genossenschaftlich definierte Konsensprinzip beriefen; im stadtbürgerlichen Bewußtsein war es also präsent und diente als Korrektiv. Insofern stellten diese Stadtkonflikte nicht den Auftakt zur Beseitigung der Ordnung dar; im Rahmen des Bestehenden sollte vielmehr die Macht dem Grundprinzip entsprechend neu verteilt werden. Wandel wurde verstanden als Wiederherstellung der als gut charakterisierten Traditionen: eine Sichtweise, die uns an mehreren anderen Stellen als Charakteristikum spätmittelalterlicher Ordnung bereits begegnet ist und die wir zweifelsohne als Charakteristikum auch des beginnenden 16. Jahrhunderts bezeichnen können!

Stadtunruhen finden sich in allen Stadttypen, die die Städtelandschaft des ausgehenden 15. und beginnenden 16. Jahrhunderts prägten, nämlich Land-, Reichs- und „halbautonome" Städte (Lutz, Einheit, S. 57/58). Überall dort, wo große Vermögen entstanden (wie in Augsburg oder Köln), wuchs auch der Abstand zwischen Arm und Reich, die soziale Ordnung geriet aus dem Gleichgewicht. Aber auch in Städten, in denen z. B. das Einkommen der Handwerkerschaft um 1500 durchaus noch ausreichend war, gab es soziale Verschiebungen. Die Ausbildung des Verlagswesens auf dem Lande brachte das städtische Handwerk in eine Konkurrenzsituation, der es nicht lange standhalten konnte. In wirtschaftlichen Krisenzeiten, die z. B. in Nürnberg für die Jahre 1501 bis 1503 aufgrund rasant steigender Getreidepreise infolge von Mißernten durchzustehen waren, wurden diese sozialen Gruppen sogleich an den Rand der Armut geführt. Die städtische Armenfürsorge erlebte an der Jahrhundertwende ihre Bewährungsprobe; vielfach war die Neuordnung kommunaler Fürsorge geboten. Die soziale Spannung verschärfte sich schließlich durch wachsende Steuerlasten, die in allen Städtetypen für die Finanzierung neuer Verteidigungssysteme entstanden. Wirtschaftskrisen und Steuererhöhungen waren in den meisten Fällen der konkrete Anlaß für Widerstandsaktionen der Bürgerschaften, die sehr unterschiedliche Verlaufsformen entwikkeln konnten. Ihren zeitlichen Höhepunkt erlebten sie zwischen 1509 und 1514, und sie betrafen fast das ganze Reichsgebiet westlich der Elbe, gingen also weit über die von den bäuerlichen Unruhen erfaßten Gebiete hinaus. Besonders heftig äußerte sich der konkrete Zorn gegenüber denjenigen, die zur Steuerlast nichts oder sehr wenig beitrugen, insbesondere dem Klerus.

III. Reformatio als renovatio? Die Rahmenbedingungen des reformatorischen Aufbruchs

Der Blick auf die politische, religiöse, soziale und geistige Situation an der Wende vom 15. zum 16. Jahrhundert läßt deutlicher werden, als dies die konfessionell fixierten Sichtweisen vergangener Generationen ermöglichten, daß das Alte Reich eine Gesellschaft im Wandel war, für die sich manche Problemlage mit dem neuen Jahrhundert noch verdichtete, für deren Lösung aber stets der Maßstab der Wiederherstellung der alten Ordnung galt. Es muß betont werden, daß auch dieser Anspruch tiefgreifende Veränderungen bewirken konnte! Den Zeitgenossen aber war die Berufung auf die alte Ordnung die zentrale Legitimation, die jede Forderung nach Wandel brauchte. Und für sie war diese Forderung deshalb fern aller Revolution, verstanden als Ablösung des Bestehenden. Es ist u.a. auch aus diesem Grunde fraglich, ob die Charakterisierung der hier beschriebenen Zusammenhänge als *gesamtgesellschaftliche* Krise zutrifft. Daß es zahlreiche Probleme auf verschiedenen Ebenen gab, die in wechselseitiger Beziehung miteinander standen, trifft ohne allen Zweifel zu. Aber es ist durchaus offen, ob sie einen explosiveren Charakter angenommen hatten als andere Krisensymptome Jahrzehnte vorher. Statt jener Deutung, die das Krisenbündel auf eine einzige Wurzel zurückzuführen geneigt ist und damit kausale Beziehungen zwischen den einzelnen Phänomen auch dort herstellt, wo sie nicht existieren, spricht vieles dafür, die Parallelität verschiedener Entwicklungsbereiche zu betonen. Die zeitgenössische Absicht, Veränderungen durch Wiederherstellung der verfälschten Vergangenheit zu erreichen, ist ja nur gemessen an den Wertmaßstäben des zwanzigsten Jahrhunderts *reaktionär*. „Reformatio als regeneratio" – so formulierte es Erasmus v. Rotterdam, der Zeitgenosse.

1. „Es begann mit Luther“

Es gibt Persönlichkeiten in der Geschichte, deren Beurteilung sich dem Historiker aufgrund ihrer erdrückenden Bedeutung zu entziehen scheint. Martin Luther nähert sich dieser Kategorie – zumindest für deutsche Historiker. Denn nicht nur die Wirkungsgeschichte stellt ein schwer überschaubares Bündel von Deutungsmustern dar, auch der historische Luther selbst unterliegt immer wieder und immer wieder neu den unterschiedlichsten Beurteilungen. In den letzten Jahren stand dabei im Vordergrund die Frage nach der epochalen Zuordnung des Reformators: war er „ein Mann des Mittelalters oder ‚der erste moderne Mensch‘“? (Schilling, Aufbruch, S. 86). Wie sehr gerade diese Fragestellung zeitgebunden ist, wird vor dem Hintergrund der Kontinuitäten zwischen ausgehendem Mittelalter und beginnender Neuzeit, die skizziert wurden, deutlich. Das „entweder – oder“ muß heute durch ein „sowohl – als auch“ ersetzt werden; und auch das Nachdenken über die Epochengrenzen wird damit wiederbelebt werden müssen.

Luthers Biographie ist diejenige des „Wanderers zwischen den Welten“: bis zu seinem denkwürdigen Schritt an die akademische Öffentlichkeit im Jahre 1517 war er der um Glaubensgewißheit ringende junge Mönch gewesen, ein treuer Sohn seiner Kirche, der in seiner starken religiösen Betroffenheit die intensivierte Frömmigkeit der Zeitgenossen verkörperte. Am 10. November 1483, dem Martinstag, wurde er in Eisleben in Thüringen als zweiter Sohn des Hans Luder (die Änderung des Familiennamens hat erst Luther selbst vorgenommen) und der Margaretha Lindemann geboren. Die von ihm später gern betonte bäuerliche Herkunft ist eine Stilisierung. Zwar war der Vater ein Bauernsohn gewesen, hatte es aber durch seinen Einstieg in das konjunkturbegünstigte Berg- und Hüttenwesen zu respektablem Wohlstand gebracht. Die Mutter entstammte ohnehin einer angesehenen Bürgerfamilie, vermutlich aus Eisenach. Viele der später führenden Reformatoren, Bernd Moeller hat darauf hingewiesen, entstammten solchen „Aufsteigerfamilien". Vermutlich auch deshalb wurde für den Sohn Martin das Jurastudium vorgesehen – ein Studiengang, der in der frühneuzeitlichen Gesellschaft sozialen Aufstieg zwar nicht garantierte, aber doch erleichterte. Seit 1501 studierte Luther in Erfurt, zunächst wie üblich an der untersten, der Philosophischen Fakultät, und schloß das Studium 1505 mit dem Magistergrad ab. In dieser Zeit wurde Erfurt beherrscht von der philosophischen Richtung des Nominalismus (Wilhelm v. Ockham/ca. 1285–1347). Für die philosophischen Studien bedeutete dies eine weltoffene Ausrichtung, die den jungen Magister nachhaltig prägte: die Trennung von Vernunft und Offenbarung, für Luthers spätere Theologie grundlegend, entstammte dem Nominalismus. Und auch seine distanzierte Haltung gegenüber allen Lehrautoritäten der Kirche war Ergebnis seiner Studien der Schriften des Ockham.

Dem Wunsch des Vaters entsprechend begann er im Mai 1505 sein Jurastudium in Erfurt. Schon wenige Wochen später erfuhr sein Lebensplan jene grundlegende Veränderung, deren Darstellung für die Sozialisation von Generationen von Protestanten fast ebenso wichtig war wie der öffentliche Thesen-„anschlag". Auf dem Rückweg vom Besuch bei den Eltern geriet Luther am 2. Juli 1505 auf freiem Feld in der Nähe des Dorfes Stotternheim (bei Mansfeld) in ein schweres Gewitter. Ein neben ihm einschlagender Blitz versetzte ihn in solche Angst, daß er, die heilige Anna, Schutzpatronin der Bergleute anrufend, gelobte: „Hilf du heilige Anna, ich will ein Mönch werden." Die Biographen sind sich einig, daß dieses Gelübde keineswegs völlig unerwartet in Luthers Leben einbrach; es war vielmehr Ausdruck jener zeitgenössischen Frömmigkeit, die immer wieder nach der Würdigkeit des eigenen Lebens fragte. „In einer Grenzsituation hatte er sich gebunden", so urteilte zuletzt der Kirchenhistoriker Martin Brecht (Luther, Bd. I, S. 57). Am 17. Juli trat Luther in den strengen Bettelorden der Augustinereremiten in Erfurt ein, vermutlich im Herbst 1506 legte er das Ordensgelübde ab und bereits am 3. April 1507 folgte die Priesterweihe. Unmittelbar anschließend begann er, ebenfalls in Erfurt, sein Theologiestudium; er schloß es recht rasch innerhalb von fünf Jahren mit dem theologischen Doktorgrad an der erst 1502 gegründeten Universität Wittenberg ab, um dort sogleich als Nachfolger seines Beichtvaters, des Generalvikars seines Ordens Johann v. Staupitz (1469[?]–1524), den Lehrstuhl für biblische Theologie zu übernehmen, den er bis zu seinem Tode 1546 innehatte. Mit der akademischen Aufgabe war zugleich die Pflicht der Predigt und der Seelsorge an der Wittenberger Stadtkirche verbunden, die den „schlechthin vorbildlichen Mönch", so das Urteil des katholischen Kirchenhistorikers Peter Manns (1923–1991), nun auch sehr direkt mit den pastoralen Problemen seiner Zeit konfrontierte.

Die neue Doppelaufgabe förderte Luthers intensive Beschäftigung mit den biblischen Texten: als akademischer Lehrer hatte er regelmäßige Vorlesungen zu halten, anhand deren Nachschriften und Vorlagen wir recht genau über die theologische Entwicklung des jungen Professors informiert sind. Sie geben zugleich einen Eindruck von der kirchenkritischen Haltung, die in diesen Jahren bei Luther entstand. Die Tatsache, daß er als Ordensgeistlicher in die strengen Normen eines Bettelordens eingebunden war, ließ ihn die Kirchenpraxis und die an ihr geübte Kritik seiner Zeit sehr viel unmittelbarer erfahren als manch anderen humanistisch gebildeten Zeitgenossen. Luther hat in diesen Jahren eine sehr tiefgreifende theologisch-religiöse Veränderung durchlebt – eine Veränderung, die von ihm selbst vor allem auch als seelischer Erfahrungsprozeß durchlitten wurde. Die plötzliche Gewißheit der ausschließlichen Kraft der göttlichen Gnade für die Erlösung des Einzelnen, die an die Stelle der „Werkgerechtigkeit" trat, hat Luther später als sein „Turmerlebnis" charakterisiert; es ist zeitlich nicht eindeutig zuzuordnen. Zwischen 1515 und 1518 kam die Erkenntnis bei der Exegese der Briefe des Apostels Paulus an die Römer, die Luther in der berühmten Römerbriefvorlesung seinen Studenten vortrug. In der Forschung, aber auch in der protestantischen Tradition ist das grundlegend Neue dieser Auslegung mit dem Begriff der „sola-fide- und sola-gratia-Erkenntnis" bezeichnet worden. Die Auslegung der Kernstelle des Römerbriefes (Römer 1, V. 17) durch Luther selbst ist am überzeugendsten: „Denn Gott will uns nicht durch eigene, sondern durch fremde Gerechtigkeit und Weisheit selig machen, durch eine Gerechtigkeit, die nicht aus uns kommt und aus uns wächst, sondern von anderswoher zu uns kommt [...]. So muß man sich in all diesen Dingen in Demut verhalten, als ob man bisher nichts habe, und die nackte Barmherzigkeit Gottes erwarten, statt sich für gerecht und weise zu halten" (Lutz, Einheit, S. 177).

Luthers „sola"-Theologie (sola scriptura, sola gratia, sola fide – allein durch die Schrift, allein durch Gnade, allein durch Glauben) hatte weitreichende und kritische Konsequenzen für Theologie *und* kirchliches Leben. Es war eine Absage an die Lehre von den guten Werken, an die gängige Auffassung von der besonderen Würdigkeit des mönchischen Lebens; es war aber auch eine Absage an die Sakramente der Buße, des Priesteramtes, an den ganzen geistlichen und verfassungsmäßigen Aufbau der Kirche. Die Einleitung zur Römerbriefvorlesung, Heinrich Lutz hat dies überzeugend dargestellt, ist ein „Programm der Erneuerung des christlichen Lebens" (Lutz, Einheit, S. 180). Ohne das humanistische, optimistische Menschenbild, vielmehr die sündhafte Bindung des Menschen betonend, knüpfte Luther dort an die Kirchenkritik der Zeitgenossen an, verband sie mit pastoralen Reflexionen. Ein differenziert ausgearbeitetes Reformprogramm aber war diese Vorlesung nicht: Wege und Mittel der Veränderung blieben unbestimmt. Und dennoch wird gerade durch die Verzahnung von Theologie und Zeitkritik die *systemsprengende* Kraft der Lutherischen Theologie greifbar. Es ist nicht mehr das Zurückbleiben des sündigen Menschen hinter den Forderungen des Wortes Gottes, sondern es ist „die Entdeckung eines neuen theologischen Schlüssels, [um] diese Perversion [des kirchlichen Systems] als zwangsläufige, zusammenhängende Folge einer falschen, in der Kirche zur Herrschaft gelangten Theologie zu erklären" (ebd.).

Auch wenn Luthers Kritik seit etwa 1517 rasch immer grundsätzlicher wurde, so hatte er niemals die Absicht, die

Kirche selbst oder das Papsttum in Frage zu stellen. Der Konflikt entzündete sich denn auch an einer theologischen Marginalie, einem Einzelproblem, das allerdings von großer praktischer Bedeutung war: der Frage des *Ablaßhandels*.

Die Verdinglichung des Ablaßhandels war nicht erst durch Luther kritisiert worden; der ganz konkrete Mißbrauch der Ablaßbriefe aber, dem Luther als Seelsorger im Herbst 1517 begegnete, hatte einen hochpolitischen Hintergrund, der öffentliche Kritik nicht wohl ertragen wollte. Albrecht von Brandenburg (1490–1545), der jüngere Bruder des Kurfürsten Joachim, wollte zum Erzbischof von Mainz, damit Primas der deutschen Kirche und Erzkanzler des Heiligen Römischen Reichs Deutscher Nation gewählt werden. Dies war keineswegs nur eine private Ambition, vielmehr Teil des Konkurrenzkampfes zwischen den beiden Kurfürstenhäusern Sachsen und Brandenburg: Die Wahl Albrechts hätte die Machtposition Brandenburgs im Reich deutlich verbessert. Die Wahl eines Erzbischofs durch das Domkapitel (das Wahlgremium war zumeist aus hohen Adligen und geistlichen Würdenträgern zusammengesetzt) bedurfte der päpstlichen Bestätigung – dies geschah nur gegen Geldzahlungen, in diesem Falle 14000 Gulden, eine auch für die Zeitgenossen beträchtliche Summe. Da das Mainzer Domkapitel in den letzten Jahren wiederholt solche „Wahlbestätigungsgelder" aufzubringen hatte, wurde Albrecht verpflichtet, die Zahlungen an den Papst selbst zu übernehmen. Da er zugleich bereits Erzbischof von Magdeburg und Administrator von Halberstadt war, benötigte er zur Legitimierung dieser Ämterhäufung einen päpstlichen Dispens, und auch dieser (in Höhe von weiteren 10000 Gulden) war zu bezahlen. Albrecht konnte diese Summen nicht ohne weiteres aufbringen. Das Angebot aus Rom, den sogenannten Petersablaß über acht Jahre lang in seinen Territorien verkündigen zu lassen, so daß er die Hälfte der Gelder für sich selbst behalten könne, kam ihm deshalb sehr gelegen. Die Zwischenfinanzierung in Gestalt eines Kredits übernahm das Handelshaus der Fugger, so daß zusammen mit den Ablaßpredigern dessen Beauftragte im Lande umherzogen und von den täglich eingehenden Geldern sogleich die Hälfte als Tilgung und Zins für den Kredit einbehielten!

Luther erfuhr von dieser auch für viele seiner Zeitgenossen als ungeheuerlicher Skandal empfundenen Vermischung von Geld, Politik und Frömmigkeit durch die Berichte seiner Beichtkinder. Der berüchtigte Spruch des Ablaßpredigers Johann Tetzel, eines Dominikanermönches, dürfte auch ihm begegnet sein: „Wenn das Geld im Kasten klingt, die Seele aus dem Fegefeuer springt." Als Seelsorger wie als akademischer Lehrer fühlte er sich zum Handeln verpflichtet; in einem Schreiben, das am 31.10.1517 an den Erzbischof Albrecht von Mainz abgeschickt wurde, bat er um die Korrektur der Praxis und regte eine akademische Disputation an. Als deren Grundlage verfaßte er jene berühmten 95 Thesen, aus deren öffentlichkeitswirksamer Bekanntmachung am Portal der Wittenberger Schloßkirche sich die protestantische Identität über Jahrhunderte ableitete. Selbst wenn der Thesenanschlag in dieser Form nicht sicher ist: die ursprünglich für eine akademische Auseinandersetzung verfaßten Artikel verbreiteten sich wie ein Lauffeuer in ganz Deutschland. Innerhalb weniger Wochen waren sie in zahllosen Drucken vervielfältigt, auch deutsche Übersetzungen lagen vor. Luther selbst hatte dies am wenigsten kalkuliert. Mit einer in deutscher Sprache verfaßten knappen Predigt, dem *Sermon von Ablaß und Gnade* schickte er im Frühjahr 1518 eine Erläuterung hinterher, die den Bekanntheitsgrad der 95 Thesen noch übertraf. Die Zustimmung war außergewöhnlich breit. Selbst viele der späteren Gegner Luthers empfanden die Ablaßkritik als die lang ersehnte Diskussion über innerkirchliche Reformen.

Die 95 Thesen kritisierten im Rahmen der kirchlichen Ordnung; die päpstliche Autorität wurde nicht in Frage gestellt. Aber schon in den im Spätsommer 1518 veröffentlichten ausführlichen Kommentierungen ging Luther weiter: „Es ging um die fundamentale Frage, was die Kirche und wo die Kirche sei." (Lutz, Einheit, S. 186) Immer deutlicher rückte auch die Frage nach der kirchlichen Autorität in das Zentrum seiner

Schriften. In der Begegnung Luthers mit dem Kardinal Cajetan in Augsburg (Oktober 1518), der dort als päpstlicher Legat am Reichstag teilnahm, verschärften sich die Positionen. Die Schriftauslegungskompetenz des Papstes war für den Kardinal unverzichtbar; Luther dagegen vertrat sein sola-scriptura-Prinzip nun auch gegenüber dem Lehr- und Leitungsanspruch der kirchlichen Amtsträger. Wer dem Sinn der heiligen Schrift auch als Amtsinhaber widerspreche, habe keinen Anspruch auf Gehorsam. Zusammen mit Luthers Rechtfertigungslehre sola fide, sola gratia war der unüberbrückbare Gegensatz formuliert. Cajetan notierte: „Das bedeutet eine neue Kirche bauen."

Das Gespräch in Augsburg, eigentlich ein Verhör, war durch die Vermittlung des Kurfürsten Friedrich des Weisen von Sachsen (1463–1525), den Landesherren Luthers, zustande gekommen. Im Juni 1518 war die förmliche Eröffnung eines Ketzerprozesses gegen Luther in Rom erfolgt, intensiv betrieben durch den Orden der Dominikaner, der zu den schärfsten Gegnern Luthers gehörte; im August hatte eben jener Cajetan Luther die Vorladung nach Rom zugestellt. Der Kurfürst wollte eine Auslieferung keineswegs problemlos akzeptieren, von einem persönlichen Gespräch versprach er sich durchaus Verständigung. Das ungewöhnliche Verfahren wurde akzeptiert, weil Kurfürst Friedrich für die Kurie in Rom eine wichtige Persönlichkeit bei der bevorstehenden Kaiserwahl zu werden begann. Denn da man den jungen Enkel des Kaisers Maximilian, den spanischen König Karl, nicht gerne akzeptieren wollte, wurden gute Beziehungen zu den deutschen Kurfürsten (als denjenigen, die zu wählen hatten) immer bedeutsamer. Sie waren zu diesem Zeitpunkt sehr viel wichtiger als der Ketzerprozeß gegen Luther.

Die Tatsache, daß der Prozeß für fast zwei Jahre ruhte, hat der reformatorischen Bewegung den Spielraum verschafft, den sie zur Etablierung brauchte. Nach seiner Rückkehr aus Augsburg bekannte Luther öffentlich, daß er die päpstliche Autorität in Glaubensfragen derjenigen eines Konzils unterordne, und in der im Juli 1519 mit dem Ingolstädter Theologieprofessor Johann Eck (1486–1543) in Leipzig geführten Disputation ging Luther den letzten Schritt: er betonte, daß auch Konzilien irren könnten. Damit hatte er die höchsten kirchlichen Autoritäten einschließlich der für die Glaubensaussagen wichtigen Kirchentradition relativiert: in den Augen der Kurie war Luther ein Ketzer, in den Augen mancher Zeitgenossen wurde die Tragweite der lutherischen Positionen erahnbar. Denn wer, wenn nicht die im Konzil versammelte Kirche, konnte darüber entscheiden, welche Glaubensaussagen der Schrift entsprechen und welche nicht?

Nachdem der spanische König trotz der Interventionen der Kurie am 28.6.1519 zum Kaiser gewählt worden war, lebte der Ketzerprozeß gegen Luther wieder auf. Am 15. Juni 1520 erging die Bannandrohungsbulle; seit Juli 1520 wurde sie im Reich verkündet. Nur der Widerruf hätte die Verurteilung noch aufhalten können, aber Luther dachte nicht daran. In drei großen Reformschriften, die er im Laufe des Jahres 1520 veröffentlichte, entfaltete er vielmehr seine Positionen. Am 3. Januar 1521 wurde die Exkommunikation des Wittenbergers ausgesprochen; der Kaiser erhielt die Mitteilung am 17. Januar auf seiner Reise nach Worms. Der päpstliche Nuntius in Deutschland Alexander berichtete wenig später nach Rom: „Ganz Deutschland ist in hellem Aufruhr. Neun Zehntel schreien ‚Luther', die übrigen, wenn ihnen Luther gleichgültig ist, schreien zumindest ‚Tod der römischen Kurie'; jedermann verlangt und schreit nach einem Konzil" (Lutz, Einheit, S. 194).

Die drei Reformschriften von 1520 (*An den christlichen Adel deutscher Nation von des christlichen Standes Besserung*; *Von der babylonischen Gefangenschaft der Kirche*; *Von der Freiheit eines Christenmenschen*) hatten jeweils unterschiedliche Adressaten. Waren dies in der ersten Schrift neben dem deutschen Adel auch der soeben gewählte junge Kaiser, auf dem die ungebrochene Hoffnung nicht nur Luthers ruhte, so waren es in der zweiten Schrift die Theologen, in der dritten Schrift die Christenheit als Ganzes. Insbesondere die *Babylonica* verschärfte die Trennung; denn die hier für gelehrte

Theologen formulierte Unmittelbarkeit des Gotteswortes als Heilsmittel relativierte die Bedeutung der Sakramente. Luther beschränkte ihre Zahl auf drei, und dies wirkte auf die Zeitgenossen provokativ. Der englische König verfaßte eine Gegenschrift, die Universität Paris erhob öffentlichen Protest, selbst Johann v. Staupitz hielt sich nunmehr zurück. Bei weitem aber überwogen die Anhänger Luthers. Sie trugen den schärfer werdenden Antikurialismus mit; sie trugen die immer weiter reichende Kritik an der Verweltlichung des Papsttums mit, die in dem Satz vom Papst als dem Antichristen gipfelte (Schilling, Aufbruch, S. 104). Für sie war die Forderung nach Aufhebung des Zölibats, nach allgemeiner Einrichtung einer kommunalen Armenfürsorge und nach Beseitigung des Zinskaufs Ausdruck ernstgemeinter Reform von Kirche *und* Welt. Die in der dritten Reformschrift skizzierte *Freiheit eines Christenmenschen* gab eine Neubegründung christlicher Ethik. Dem aufmerksamen Leser konnte nicht verborgen bleiben, daß Luther damit eine sehr ernstgemeinte Verbindlichkeit der im Glauben neu gefundenen Freiheit meinte: nicht die Absicht, sich durch christliche Nächstenliebe vor Gott Verdienste zu erwerben, war der Inhalt der Freiheit, sondern die Nächstenliebe aus wirklichem Gehorsam, wie Luther schrieb: „Frei, willig, fröhlich, umsonst." Diese immer wieder mißverstandene Dialektik des lutherischen Freiheitsbegriffes war keine Aufforderung zu sittlicher Unverbindlichkeit. Die Gebote Gottes galten weiter mit der Konsequenz des Gehorsams z.B. auch gegenüber weltlicher Obrigkeit. Die konsequente Formulierung der Eröffnungsthese der Schrift lautete: „Eyn Christen mensch ist eyn freyer herr über alle ding und niemandt unterthan. Eyn Christen mensch ist eyn dienstpar knecht aller ding und jederman unterthan." Das Ernstnehmen der Welt geschah durch die Beseitigung der sakramentalen Überordnung des Klerus: der wirkliche Dienst an Gott vollzog sich im Ernstnehmen der alltäglichen Aufgaben durch den Einzelnen in seinem „Stand" und „Beruf".

Die Inhalte der Reformschriften machten trotz aller Polemik in der Formulierung deutlich, daß es Luther nicht um

„Revolution“ ging: der Aufruf zur Beseitigung der antichristlichen Struktur der Kirche war ein Aufruf zur *Rückkehr* zu den eigentlichen Formen christlichen Lebens. Und insofern blieb Luther dem spätmittelalterlichen Verständnis von reformatio verbunden, das wir eingangs für fast alle Lebensbereiche beschrieben haben. Offensichtlich aber gingen die Vorstellungen darüber, wie diese „eigentlichen Formen“ auszusehen hatten, rasch auseinander; als Richtschnur anerkannte Luther und mit ihm seine Anhängerschaft nur mehr das Gotteswort. Und darin lag das Neue, das Neue auch in seiner sozialen und politischen Dimension.

2. Kaiser, Reich und Reformation

1519 war der Kaiser in der Reichsstadt Frankfurt gewählt worden, erst nach Jahresfrist – am 23. 10. 1520 – wurde er in Aachen gekrönt. Gleich zu Beginn seiner Regierungszeit wird damit das Dauerproblem zwischen Kaiser und Reich deutlich, das im übertragenen Sinne auch als „Kaiserferne“ der Frühen Neuzeit bezeichnet werden könnte. Karl V. war als Kaiser zugleich König von Spanien und deshalb einerseits vorrangig immer auch mit den Problemen dieser Region befaßt. Zum anderen aber verstand er sein Kaisertum in erster Linie als machtpolitisch orientierte Aufgabe, außenpolitische Ziele standen im Vordergrund seines Interesses. Das heißt nicht, daß er die großen innenpolitischen Spannungen im Reich nicht zur Kenntnis genommen hätte. Aber in seiner Vorstellung sollten sich diese relativ rasch lösen lassen, wenn die Stellung des Reichsoberhauptes durch außenpolitische Erfolge auch im Innern gesichert sein würde. Letztlich kannte der Kaiser die Probleme des Reiches nicht, er lernte sie auch nie ausreichend kennen. Auf dem sogleich nach der Krönung für Januar 1521 nach Worms einberufenen Reichstag sollten möglichst alle deutschen Fragen leidlich gelöst werden: Es ist bezeichnend, daß trotz dieser Absicht die Frage nach Luther und seinem Verhältnis zu Kaiser und Reich zunächst nicht zu den Beratungsgegenständen gehörte.

Da es gängigem Reichsrecht entsprach, einer päpstlichen Bannbulle sogleich die Reichsacht folgen zu lassen, stand das Reich angesichts der Verkündigung der Bannandrohungsbulle im Sommer 1520 im Zugzwang. Zudem drängte die Kurie zu entschiedenem Vorgehen gegen den Wittenberger Professor; man erwartete die Verbrennung seiner Schriften, Festnahme und Auslieferung nach Rom. Eine Reihe von Reichsständen unter Führung von Luthers Landesherrn Kurfürst Friedrich dem Weisen widersetzte sich allerdings diesem Verfahren: so rasch wollte man die Chance der Kirchenreform, die sich in Luther zu verkörpern schien, nicht aufgeben. Stattdessen zielten die Stände auf ein selbständiges Verfahren im Reich, das zur Urteilsfindung beitragen sollte; der um Rat befragte Erasmus v. Rotterdam schlug ein nochmaliges Verhör Luthers durch einen Kreis neutraler und frommer Gelehrter vor. In diesem Sinne verhandelte der sächsische Kurfürst im November 1520 mit dem Kaiser. Dieser sagte dem seinerzeit angesehensten Fürsten des Reiches zu, Luther durch „gelerte und hochverstendige personen" auf dem Wormser Reichstag verhören zu lassen.

Das ganz und gar ungewöhnliche Verfahren wirft ein bezeichnendes Licht auf das Verhältnis zwischen römischer Kurie und Reich einerseits, zwischen dem Kaiser und den Reichsständen zum anderen, zwischen Papst und Kaiser zum dritten. Der Anspruch der Reichsstände, ein eigenes Rechtsfindungsverfahren durchzuführen, war Ausdruck eines tiefen Mißtrauens gegenüber der Kurie. Daraus entstand ein Unabhängigkeitsanspruch des Reiches gegenüber der Kirche, der dem traditionellen Verständnis des Verhältnisses zwischen beiden Kräften widersprach. Die „Luthersache" zeigte erstmals, von den Zeitgenossen in der ganzen Tragweite kaum bemerkt, ihre „verfassungspolitische Sprengkraft" (Rabe, Jahrhundert, S. 234). Daß der Kaiser diesem Verfahren keinen ernsthaften Widerstand entgegensetzte, lag gewiß nicht daran, daß er besondere Sympathie dem Wittenberger gegenüber empfunden hätte. Für ihn war Luther ein Ketzer, der dementsprechend rasch verurteilt werden mußte. Aber einerseits konnte und wollte er die deutliche Parteinahme zahlreicher Reichsstände für Luther nicht einfach unbeachtet lassen, selbst auf die Gefahr hin, daß seine kaiserliche Autorität in Frage gestellt werden könnte. Denn andererseits war die öffentliche Meinung in Deutschland auch für den Kaiser sichtbar in Bewegung geraten; jede Form von Aufständen wie im heimischen Spanien mußte vermieden werden. Und schließlich konnte er mit Hilfe der reichsständischen Forderungen den Papst unter Druck setzen. Die causa Lutheri erwies sich zu diesem Zeitpunkt unter machtpolitischen Aspekten als ein „kostbares politisches Handelsobjekt" (Jedin, Konzil, Bd. I, S. 161).

Die Interessengegensätze, die auf dem Reichstag aufeinanderstießen, waren allerdings so groß, daß gleich nach seiner Eröffnung im Februar 1521 weitere Verhandlungen über das Auftreten Luthers in Worms notwendig wurden. Denn der Druck der Kurie und die Wünsche der Luthergegner unter den Reichsständen konnten nicht einfach ausgeblendet werden, andererseits wollte die reichsständische Mehrheit der Lutheranhänger sich ihr Mitwirkungsrecht in dieser zentralen Frage nicht beschneiden lassen. Und auch der Versuch des Kaisers, zumindest den Ausgang des Verfahrens vorher festzulegen, scheiterte am Widerstand der Mehrheit. Man einigte sich, das eigentlich zugesagte „gehör" nicht in Gestalt einer gelehrten Diskussion, sondern in der Form einer Befragung durchzuführen. Im Gegenzug mußte der Kaiser Luther freies Geleit zusichern und die Entscheidung in der „Luthersache" bis zum Ende des Verhörs offen lassen.

Am 17. April 1521 fand die erste Begegnung mit Luther statt – nicht vor dem Reichstag, sondern im Bischofssitz, dem Aufenthaltsort des Kaisers während des Reichstages. Dem Kaiser war es damit gelungen, den reichsrechtlichen Status dieser Sitzung offen zu halten. Zusammen mit der Vorlage seiner Bücher wurden Luther zwei knappe Fragen gestellt, die er ebenso knapp zu beantworten hatte: ob er der Verfasser dieser Bücher sei zum ersten, ob er bereit sei zu widerrufen zum zweiten. Die Verfasserfrage beantwortete Luther sogleich, für die Beantwortung der zweiten Frage erbat er sich

Bedenkzeit bis zum nächsten Tag. In seiner wohl bedachten Antwort vom 18. April (wiederum nicht vor dem Reichstag!) wiederholte er seine Kritik am Papsttum, betonte aber, daß er zum Widerruf bereit sei, sofern ihm aus der Heiligen Schrift sein Irrtum nachgewiesen werden könnte. Auf die dringende Bitte, eine eindeutige Antwort zur Bereitschaft zum Widerruf zu geben, reagierte Luther mit jenen Sätzen, die Weltgeschichte geschrieben haben und die Generationen von Protestanten in die Identität schaffende Gewißheit versetzten, daß ihr Reformator die neuzeitliche Gewissensfreiheit begründete: „Wenn ich nicht durch Schriftzeugnisse oder einen klaren Grund widerlegt werde, [...] so bin ich durch die von mir angeführten Schriftworte bezwungen. Und so lange mein Gewissen durch die Worte Gottes gefangen ist, kann und will ich nicht widerrufen, weil es unsicher ist und die Seligkeit bedroht, etwas gegen das Gewissen zu tun. Gott helfe mir. Amen." (Schilling, Aufbruch, S. 206)

Am 26. April verließ Luther Worms; den Kaiser hatte er nicht überzeugen können. Bereits am 19. April hatte jener in einer eigenhändig verfaßten Erklärung den Ständen gegenüber seinen festen Willen bekundet, seine kaiserliche Verpflichtung zum Schutz der römischen Kirche wahrzunehmen und das hieß, die Reichsacht gegen Luther zu verhängen. Nach der Zustimmung der Stände, wurde die kaiserliche Acht am 8. Mai rechtskräftig. Das *Wormser Edikt* war, das steht außer Zweifel, ein gefährlicher Schlag gegen Luther und seine Sache, denn es bedeutete Ächtung auch seiner Anhänger. Deshalb waren nur wenige Reichsstände bereit, das Edikt in ihren Territorien durchzusetzen; und auch die Person Luthers sollte vor akuter Verfolgung geschützt werden. Die durch den sächsischen Kurfürsten vorgetäuschte Entführung diente eben diesem Ziel. Im Reich verbreitete sich zwar das Gerücht, daß der geächtete Wittenberger Professor getötet worden sei. Tatsächlich aber hielt sich Luther in der Sicherheit der Wartburg auf.

In der causa Lutheri hatte der Reichstag zu Worms noch einmal zu einer gemeinsamen Entscheidung gefunden, die künftige Problematik der Gegensätze zwischen Kaiser und Ständen einerseits, innerhalb der Stände andererseits aber hatte sich bereits angekündigt. Leopold v. Ranke charakterisierte diesen tiefen Konflikt aus seiner auf die Einheit gerichteten Blickrichtung, aber dennoch nachdenkenswert als „Ursprung der Spaltung in der Nation". Aus heutiger Sicht ist die Zuspitzung des bereits am Ende des 15. Jahrhunderts sichtbaren Gegensatzes vor allem ein Verfassungskonflikt zwischen zwei unterschiedlichen Modellen von Herrschaftsübung: ein monarchischer Anspruch auf Herrschaftszentrierung traf auf einen ständischen Beteiligungsanspruch. In den Verhandlungen über die Verfassungsfrage, die in Worms als Streit um den Charakter des Reichsregiments geführt wurde, zeigten sich die Konfliktlinien deutlich.

In Fortsetzung der Ansätze seines Großvaters bezeichnete der Kaiser das Reichsregiment im monarchischen Sinne als Regentschaftsrat, der nur in seiner Abwesenheit vom Reich die Regierungsgeschäfte führen dürfe; dabei fand er die Unterstützung der Reichsstädte und der kleineren nicht-fürstlichen Reichsstände, denn sie erhofften sich von der Stärkung der kaiserlichen Macht Schutz gegenüber den Territorialherren. Die Kurfürsten aber erstrebten die Einsetzung des Reichsregiments als eines Organs ständischer Mitregierung. Dabei beriefen sie sich auf die *Wahlkapitulation* von 1519, die Zusicherungen also des Kaisers, die er bei seiner Wahl den Ständen gegenüber hatte abgeben müssen. Dieses Verfahren war bei Kaiserwahlen bis dahin nicht üblich gewesen. Angesichts der verfassungsrechtlich keineswegs geklärten Stellung des Reichsoberhauptes gegenüber den Ständen, die ja bereits unter Karls Vorgänger zu Auseinandersetzungen geführt hatte, legten diese nun größten Wert auf die Festlegung der kaiserlichen Kompetenzen, die sie in erster Linie verstanden wissen wollten als deren Begrenzung. Das zeigte sich in den Bestimmungen denn auch deutlich: wichtige Regierungsrechte des Kaisers waren an die Mitwirkung der Stände oder doch der

Kurfürsten gebunden; zudem war die Wiedererrichtung des Reichsregiments als Absichtserklärung formuliert worden. Die Praxis der Wahlkapitulation wurde seit 1519 zur festen Regel. Der damals ausgehandelte politische Vertrag gilt als „der große grundsätzliche Herrschaftsvertrag des Reiches“ (Oestreich, Geist, S. 259).

Aufbau des Reichstages
[nach Reichsmatrikel 1521]

Kaiser

nur bei Eröffnung und zur Entgegennahme der Gesamtbeschlüsse

Reichstag

Kurfürstenrat

Vorsitz: Erzbischof von Mainz (Erzkanzler)

3 Geistliche	4 Weltliche
Erzbischof von Mainz	Pfalzgraf (Erztruchseß)
Erzbischof von Köln	Sachsen (Erzmarschall)
Erzbischof von Trier	Brandenburg (Erzkämmerer)
	Böhmen* (Erzschenk)
	[*böhm. Kurstimme ruhte]

Fürstenrat

Vorsitz: Erzherzog von Österreich
bzw. Erzbischof von Salzburg

Virilstimmen:	
50 Geistliche	24 Weltliche
Kuriatstimmen:	
2 Geistliche	2 Weltliche
Schwäbische und Rheinische Prälatenbank (Reichsäbte, Reichspröbste und Ordensmeister: 83)	

Städterat

Vorsitz: die jeweilige Reichstagsstadt
85 Freie und Reichsstädte
(Kein volles Stimmrecht!)

[Reichsritterschaft und Reichsdörfer
waren auf dem Reichstag nicht vertreten!]

Vorlage: H. Lutz: Das Ringen um deutsche Einheit und kirchliche Erneuerung. Von Maximilian I. bis zum Westfälischen Frieden. 1490–1648 (= Propyläen Geschichte Deutschlands), 4. Bd., Berlin 1983, S. 120.

In der Regimentsordnung vom Mai 1521 fand man zu einem mühsamen Kompromiß: auf die Zusammensetzung des Personenkreises hatten Kaiser und Reichsstände gleichermaßen Einfluß; während der Abwesenheit des Kaisers führte das Regiment die Geschäfte, nach seiner Rückkehr sollte es bis zum nächsten Reichstag als Beratungsgremium weiteramtieren. Der Kompromiß vertagte den Kampf um die Struktur der Reichsverfassung mehr als daß er ihn löste. Denn es war von allem Anfang an offen, ob sich das Regiment zwischen den kaiserlichen Machtansprüchen und denjenigen mächtiger Reichsstände würde behaupten können.

Seit dem Winter 1521/22 arbeitete das Reichsregiment in Nürnberg; der Reichstag trat zudem gleich zweimal im Jahre 1522 in der Stadt zusammen. Auf der Sitzung im November, dem sogenannten zweiten Nürnberger Reichstag, wurde die Religionsfrage erneut zum Verhandlungsgegenstand, nun aber aufgrund der Reforminitiativen des neu gewählten Papstes Hadrian VI. (1522–1523). Nachdrücklich ließ er durch seinen Nuntius die Reichsstände an die Einhaltung des Wormser Ediktes mahnen. Zugleich bekannte Hadrian, ehemaliger Erzieher des Kaisers und als niederländischer Reformtheologe von der Notwendigkeit einer Reform der kirchlichen Strukturen überzeugt, daß die Schäden der Kirche und die Fehler der Kurie die Ursache der lutherischen Ketzerei seien! Diese Äußerungen belegen einen grundlegenden Wandel in der Haltung der Kirchenleitung. Und dennoch hielten die Reichsstände an ihrem Mißtrauen fest, die Mehrheit des Reichstages war nicht zur Aufgabe der Tolerierungspolitik gegenüber der Luthersache bereit. Um eine endgültige Klärung herbeizuführen, sei es vielmehr nötig, so die Antwort an den päpstlichen Nuntius, ein „freies, christliches Konzil" einzuberufen, und zwar innerhalb Jahresfrist. Falls dies geschehe, werde sich der Kurfürst von Sachsen bereit erklären, alle religiösen Neuerungen auszusetzen. Diese Antwort der Reichsstände war mit der Forderung nach Aufhebung des Wormser Edikts gleichzusetzen. Allen Beteiligten, auch Kaiser und Papst, war klar, daß die Forderung nach einem freien Konzil vor allem auf die Freiheit von päpstlicher Herrschaft zielte. Selbst die Mehrheit der altgläubigen Stände stimmte dieser Antwort zu: sicherlich wird zu Recht vermutet, daß es vor allem die Sorge vor Unruhen des „Gemeinen Mannes“ war, die diese Haltung bewirkte. Denn die nun sichtbare Haltung der Reichsstände gab der Reformation deutlichen Auftrieb – und das wirkte zunächst befriedend.

Weder der Kaiser noch der Papst – seit dem unerwarteten Tod Hadrians saß der Medici-Papst Clemens VII. auf dem Stuhle Petris – nahmen die Forderung auf. Währenddessen gingen die Stände noch einen Schritt weiter und ergänzten die Forderung nach einem Konzil um diejenige nach einem *Nationalkonzil*. Im Reichsabschied war dessen Einberufung bereits für November 1524 vorgesehen. Während das Reichsregiment und der Bruder des Kaisers, als sein Stellvertreter im Reich, mit der Vorbereitung der Reichsversammlung schon begonnen hatten, verweigerte der Kaiser seine Zustimmung. Er wollte weder eine nationale Kirchenversammlung akzeptieren noch die faktische Aufhebung des Wormser Edikts diskutieren. Mit dem Verbot der Nationalversammlung im Sommer 1524 verhinderte der Kaiser zwar die Pläne der Stände noch einmal, aber es war eine „Notbremsung“.

3. Der „Zürcher Weg“. Der radikale Flügel der Reformation

Wie weit die Forderungen nach Reform der Kirche verbreitet waren, zeigt die zeitgleiche Formulierung theologischer Reformansätze durch andere Theologen, die durchaus unabhängig von Luther auftraten. Als bedeutendster ist der Schweizer Huldrych Zwingli zu nennen. Vieles unterschied die beiden Reformatoren trotz ihres gemeinsamen Anliegens. Die reformatorischen Bewegungen, die einerseits von Wittenberg, andererseits von Zürich ausgingen, formten denn auch trotz verschiedener Kontakte ihre eigene Gestalt aus. Sowohl der politisch-soziale Erfahrungshorizont als auch die ganz persönliche theologische Betroffenheit der beiden Reformatoren erklären den Unterschied.

Anders als Luther kam Zwingli während seines Studiums an der Philosophischen Fakultät der Universität Basel, zeitweise auch in Bern und Wien, nicht mit dem Ockhamismus in Berührung, sondern blieb in den Bahnen der via antiqua (d.h. in der scholastisch-philosophischen Schule des Thomas v. Aquin und des Albertus Magnus). 1506 schloß er seine Studien mit dem Magistertitel ab und übernahm, zeitüblich ohne weiteres Theologiestudium, ein Pfarramt in Glarus. Seine intensiven eigenen Studien der Kirchenväter, der Scholastik, der Bibel selbst führten ihn schließlich auch zur Auseinandersetzung mit dem Humanismus. Durch die Schriften des Erasmus erhielt er einen veränderten Zugang zur Theologie, die er nicht mehr als kompliziertes Lehrgebäude zu betrachten lernte, sondern als Möglichkeit, Anweisung für ein „der Lehre Christi entsprechendes Tatchristentum" (Rabe, Jahrhundert, S. 255) zu gewinnen. Das Wort der Bibel wurde zur maßgeblichen Autorität für die notwendige Neuordnung der Kirche: Das Prinzip der sola scriptura galt also auch für ihn. Die Reform aber mußte von innen geschehen – orientiert an der alleinigen Mittlerschaft Christi zwischen Gott und den Menschen: hier kam Zwingli wie Luther zum Prinzip des solus Christus. Aber es war nicht die persönliche Erschütterung durch die Frage nach dem gnädigen Gott, die den Zürcher Reformator formte, sondern die Einsicht in die Notwendigkeit, die Kirche *in* der Welt zu reformieren. Schon deshalb waren die „Zwei-Reiche" eines Martin Luther Zwingli fremd.

Ein ganz konkreter politischer Anlaß setzte denn auch Zwinglis öffentliches Wirken in Gang. Seine Stellungnahme gegen die Praxis des schweizerischen Söldnerwesens zwangen ihn zur Aufgabe des Pfarramtes in Glarus; für zwei Jahre ging er nach Einsiedeln. 1518 holten ihn die Zürcher Chorherren als Pfarrer (Leutpriester) für die zum Großmünster (Hauptkirche der Stadt) gehörenden Gemeindeglieder in ihre Stadt. Dies geschah, weil sie die humanistische Prägung des Pfarrers schätzten und sich von seiner Tätigkeit als Prediger Hilfestellungen für die Reform des Zürcher Kirchenwesens erhofften. Während der ersten beiden Jahre seines Wirkens wandelte sich die Theologie Zwinglis grundlegend; mit ihren Luther verwandten sola-Prinzipien erhielt sie eine Richtung grundsätzlicher Kirchenkritik. Dies äußerte sich in sehr praktischen Angriffen: von Anbeginn an predigte Zwingli gegen die Verehrung der Heiligen, rasch folgte der Zweifel am Fegefeuer, sodann die scharfe Kritik am kirchlichen Zinsnehmen. Im April 1522 provozierte ein öffentlicher Bruch des Fastengebotes während der Passionszeit die kirchlichen Obrigkeiten. Zwingli rechtfertigte die Ereignisse als legitime Wahrnehmung der christlichen Freiheiten. Den endgültigen Bruch mit der alten Kirche vollzog er wenig später, indem er die Legitimität der kirchlichen Hierarchie in Frage stellte und die Freigabe der Priesterehe forderte.

Der Rat der Stadt Zürich trug Zwinglis Kritik mit. Neben der ernstgemeinten Hoffnung auf eine tragfähige Reform der Kirche spielte dabei auch das Interesse an einem Machtgewinn auf Kosten der geistlichen Institutionen eine entscheidende Rolle. Angesichts der sowohl aus der schweizerischen Tagsatzung (lockerer Zusammenschluß der Kantone) kritischer werdenden Töne als auch der wachsenden Spannungen mit dem Bischof als dem geistlichen Oberhaupt der Stadtkirche sah er sich allerdings bald gezwungen, verbindliche Klärungen vorzunehmen. Auf seine Einladung hin kamen mehrere hundert Personen zu einer öffentlichen Disputation nach Zürich (29. 1. 1523) – Geistliche ebenso wie Wissenschaftler und vornehme Bürger aus der Stadt Zürich und ihrem Umland. Diese Form der Beurteilung von Tätigkeit und Theologie Zwinglis entsprach dem politischen Umgangsstil des selbstbewußten und politisch starken Stadtbürgertums Zürichs, das es gewohnt war, Herrschaftsrechte zu üben oder sich an deren Kontrolle zu beteiligen. Die ursprünglich als Instanz zur Bewertung der Rechtmäßigkeit der Zwinglischen Predigt verstandene Verhandlung erhielt eine „kirchengründende Funktion [...], sie war zur Generalsynode der Zürcher Staatskirche geworden." (Rabe, Jahrhundert, S. 258) Die von Zwingli zugrunde gelegten 67 Artikel, die sogenannten „Schlußreden", wurden, da ihnen öffentlich nicht überzeugend widersprochen wurde, als Legitimität begründende Basis seiner Predigttätigkeit bezeichnet; alle anderen Prediger sollten in Zukunft gleichfalls nur das Wort der Bibel als Richtschnur ihrer Seelsorge benutzen.

Diese Art der stadtöffentlichen Diskussion religiöser Kernfragen setzte sich auch in anderen Städten durch. Die unauflösbare Verzahnung von Stadt und Reformation zeigte sich in Zwinglis Umfeld mit einer Prägnanz wie sie für das Wittenberg Luthers, die unbekannte Universitätsstadt unter der starken Hand des Landesherrn, unvorstellbar gewesen wäre. Für den Zürcher Stadtrat bedeutete die Disputation einen Machtgewinn, denn sowohl die Legitimität der Kirchenpolitik schien bestätigt als auch sein Herrschaftsanspruch nach innen. Zwingli nämlich wies weltlicher Obrigkeit, wenn sie christliche Obrigkeit sein wollte, das Recht und die Pflicht zur Neuordnung der städtischen Gesellschaft zu. Falls eine Obrigkeit diese Aufgaben nicht erfülle, könne sie abgesetzt werden. Der Gegensatz zu Luther konnte ausgeprägter und für die kommenden Jahre folgenreicher nicht sein. Eine Verbindung der beiden reformatorischen Ansätze hatte aber nicht nur deshalb keine Aussicht auf Erfolg. In dem auf Anregung des hessischen Landgrafen Philipp zustandegekommenen Marburger Religionsgespräch (1529) wurde darüberhinaus deutlich, daß es unüberwindbare innertheologische Gegensätze gab, die die Abendmahlslehre betrafen. Während nämlich Luther, dem alten Glauben hier weiterhin verbunden, davon ausging, daß Brot und Wein der Leib und das Blut Christi *sind*, betonte Zwingli deren Symbolcharakter: Brot und Wein *bedeuten* Leib und Blut. Es war der durch Erasmus geprägte Humanismus, der für Zwingli prägend blieb: eine Verbindung zwischen den Sphären des Geistigen und Körperlich-Materiellen war unmöglich.

Dieser Trennung des Protestantismus wurden in der Forschung sehr weitreichende Folgen zugeschrieben: die zwinglianisch-reformierte Richtung habe den westeuropäisch-demokratischen Weg der Staatsbildung vorgezeichnet, die lutherisch geprägte Richtung den obrigkeitsgehorsamen Weg, wie ihn vornehmlich Deutschland gegangen sei (Ernst Troeltsch, Max Weber, Georg Jellineck). Diese den zeitgebundenen

Diskussionen des 19. und 20. Jahrhunderts entstammende Deutung ist gewiß unhistorisch: die neueren sozial- und konfessionsgeschichtlichen Forschungen haben sie korrigiert. Dennoch bleibt der Kern des Unterschiedes vorhanden; für die reformatorische Bewegung der frühen zwanziger Jahre des 16. Jahrhunderts wirkte er nachhaltig trennend. Denn das Ineinssetzen von kirchlicher und bürgerlicher Gemeinde bei Zwingli legitimierte politisch aktives Handeln, wie es von Luther nie akzeptiert worden ist. Seine Absicht war die Freisetzung des Gläubigen von äußeren Zwängen; nur dort, wo diese Freiheit nicht akzeptiert wurde, sollte die Pflicht und das Recht bestehen, sich zur Wehr zu setzen. Die hier anknüpfenden Differenzierungen im politischen Denken der beginnenden Neuzeit waren allerdings weniger ausgeprägt als dies lange Zeit angenommen wurde. Denn auch im Luthertum entfaltete sich, wie die reformatorischen Bewegungen der folgenden Jahre ebenso zeigten wie die in die Welt wirkenden Aktivitäten der „Lutheraner" in der Generation nach Luther, eine obrigkeitskritische Tradition, deren Legitimität nie bestritten wurde. Im Gegenteil: ihre Rechtfertigung stammte gerade aus dem Nachweis der Kontinuität zur spätmittelalterlichen Herrscherkritik.

Die Entwicklungen in Zürich waren auch in der Eidgenossenschaft der Ursprung der Teilung, der Beginn der konfessionellen Spaltung. Seit 1521 mußte sich die Stadt des immer heftiger vorgetragenen Vorwurfes erwehren, Zwietracht und Spaltung in der Eidgenossenschaft zu schüren, gar die Autorität weltlicher wie geistlicher Obrigkeit zu untergraben. Als der Rat dennoch bei der Verteidigung der reformatorischen Neuerungen blieb, war der Konfessionskampf nicht mehr zu verhindern. Im gleichen Jahr (1524) schlossen sich die altgläubigen Kantone (Luzern, die Drei Waldstätte und Zug) zum Bund der „Fünf Orte" zusammen. Zürich dagegen schloß mit Bern, St. Gallen, Schaffhausen, Biel, Basel, Mühlhausen und den beiden Reichsstädten Konstanz und Straßburg ein Städtebündnis zur Verteidigung des neuen Glaubens ab. Aber auch die engere Verbindung zu Landgraf Philipp von

Hessen, die seit 1530 bestand, konnte den überraschenden Angriff der „Fünf Orte“ nicht verhindern. In der Schlacht bei Kappel im Süden der Stadt Zürich wurden die Protestanten am 11.10.1531 vernichtend geschlagen. Zwingli war unter den Toten. Im „Zweiten Landfrieden“, der bis zum Ende des 17. Jahrhunderts die Beziehungen zwischen protestantischen und katholischen Orten der Schweiz regelte, wurde zwar die freie Glaubensentscheidung zugebilligt, gleichwohl setzte man die Rekatholisierung bestimmter strategisch wichtiger Regionen durch.

Zwingli wie Luther hatten sich mit solchen Gruppen unter ihren Anhängern auseinanderzusetzen, in deren Augen die reformatorische Erneuerung nicht intensiv genug vorangetrieben wurde – ein Phänomen im übrigen, das in Umbruchzeiten stets auftritt. In Wittenberg wurden solche Vorstellungen zunächst durch den Augustinermönch Gabriel Zwilling und den Theologieprofessor Andreas Bodenstein von Karlstadt (ca. 1480–1541) vertreten. Zusammen mit den sogenannten „Zwickauer Propheten“, den Tuchmachern Nikolaus Storch und Thomas Drechsel, strebten sie nach einer religiösen Gemeinschaft in der Stadt, die ohne alle kirchlichen Institutionen auskommen sollte, um die Wirkung des Heiligen Geistes freizusetzen. Eine solche „Institutionenkritik“, wie der moderne Ausdruck lauten würde, ging von der im Kern ja auch von Luther durchaus verstandenen Sorge aus, daß die Verfestigung der äußeren Formen die Inhalte des Glaubens verfälschen könnte. Daß Karlstadt und die Zwickauer auch zu Thomas Müntzer (1489/90[?]–1525), dem mystischen Theologen, seinerzeit Pfarrer in Allstedt südlich von Eisleben, Kontakte hatten, ist deshalb einleuchtend. Die Radikalität ihrer religiösen Überzeugungen trieb die sogenannten Spiritualisten (Geistverwandte) zu schroffen Maßnahmen bei deren Umsetzung – auch dies ein Phänomen, das dem Historiker vertraut ist. Ein im Februar 1522 in Wittenberg inszenierter Bildersturm gehörte dazu. Zwar distanzierte sich Karlstadt von dem gleichfalls 1522 losbrechenden Aufstand gegen den Zwickauer

Stadtrat, den die Zwickauer Propheten mitgetragen hatten; in dessen Folge aber drohte auch die Wittenberger Ordnung außer Kontrolle zu geraten. Gegen den ausdrücklichen Wunsch des sächsischen Kurfürsten, der Luther in Sicherheit halten wollte, kehrte jener nach Wittenberg zurück und erreichte mit Hilfe der berühmten Invocavit-Predigten (gehalten vom 9. bis 16.3.1522, im Anschluß an den Sonntag Invocavit), daß die spiritualistischen Veränderungen wieder rückgängig gemacht wurden. In einer 1524/25 gedruckten Schrift setzte sich Luther insbesondere mit der Theologie Karlstadts auseinander, der seit 1530 in Zürich und seit 1535 in Basel an der Universität wirkte. Seine Absage an die „himmlischen Propheten" war auch eine Absage an die Theologie des Thomas Müntzer. Nicht erst seit der Erfahrung des Bauernkrieges lehnte Luther dessen religiöse Radikalität ab, die in ihrer Kompromißlosigkeit zumindest manch Nachlebende beeindruckte, in ihrer die Sicherheit sozialer Ordnung bedrohenden Konsequenz von den meisten Zeitgenossen aber zurückgewiesen wurde.

Müntzer stammte aus einer Handwerkerfamilie in Stolberg (Harz); sein Geburtsjahr ist nicht sicher, gewiß aber ist, daß er 1506 in Leipzig und 1512 in Frankfurt/O. an der Philosophischen Fakultät studiert hat. Seit 1518 bereits war er Anhänger Luthers und wurde auf dessen Empfehlung 1520 Pfarrer in Zwickau. Wie Luther war auch Müntzer von der Ausschließlichkeit der Erlösung bewirkenden Gnade Gottes überzeugt (sola gratia); aber für Müntzer geschah dies mit Hilfe der mystischen Vereinigung des Gläubigen mit Gott. Voraussetzung dazu war die Lösung des Menschen von allen Bindungen an äußere Güter, von seiner Kreatürlichkeit. Müntzer charakterisierte diesen Wandel als „Leerwerden" der Seele, die im Leiden geschehe. Es ist nachvollziehbar, daß er mit seiner Theologie Anhänger fand; zudem war er ein leidenschaftlicher Prediger, der seine Zuhörer zu fesseln verstand. Die Konsequenzen seiner theologischen Positionen zeigten sich rasch: die Welt mit ihren politischen und sozialen Ordnungen war unwürdig, reformiert zu werden. Es blieb der Kampf der mit Gott Vereinigten gegen die Gottlosen, die die Welt beherrschten. Die von Luther vertretene Auffassung, daß Gehorsam gegenüber jeder Art weltlicher Obrigkeit zu leisten sei, war für Müntzer eine „halbherzige Unentschiedenheit, ja eine bösartige Widersetzlichkeit gegen den Willen Gottes" (Rabe, Jahrhundert, S. 273). Dem setzte er die Verweigerung der Gehorsamspflicht entgegen, mit aller bitteren Konsequenz auch und gerade für sich selbst. Nach kurzem Aufenthalt in Böhmen wirkte er seit 1523 als Pfarrer in Allstedt, als konsequenter Reformator der Gemeinde, als engagierter Seelsorger und Prediger mit weit über den unmittelbaren Kreis hinausreichender Wirkung. In dieser Zeit verschärfte sich die Kritik an den Wittenbergern, zugleich geriet er in Konflikt mit den Verteidigern des alten Glaubens. Die offene Auseinandersetzung, die 1524 zwischen den Müntzer-Anhängern, den mit ihnen verbündeten Mansfelder Bergknappen und der Landesherrschaft ausgetragen wurde, führte nicht sogleich zu Strafaktionen gegen den Pfarrer. Vielmehr mußte Müntzer nun vor seinem Landesherren selbst predigen, und er tat dies mit der erst später so genannten „Fürstenpredigt". Klar formulierte er darin die Pflicht der christlichen Obrigkeit, gegen alle Abgötterei vorzugehen; denn wenn dies die Fürsten selbst nicht täten, werde es das Volk tun, da es den Geist Gottes sehr viel klarer erkenne als die Obrigkeiten. Das Ziel Müntzers war die Wiedererrichtung der urchristlichen Gemeinde.

Als Sozialrevolutionär kann Müntzer nicht bezeichnet werden, es sei denn aus einer marxistischen Blickrichtung, für die seine theologischen Positionen lediglich als zeitgebundene Einkleidungen des eigentlichen Anliegens erscheinen. Das aber setzt voraus, daß Müntzer und mit ihm die Menschen des 16. Jahrhunderts jene Trennung von Kirche und Welt anerkannten, die für den Menschen des 20. Jahrhunderts von grundlegender Selbstverständlichkeit ist. Wenn dies aber bestritten wird, und dafür gibt es plausible Gründe, so muß Müntzer in seinem zutiefst religiösen Anliegen ernst genommen werden, zu dessen Wesen das Wirken in die Welt gehörte, um sie „in ihrer Ganzheit zu heiligen" (Schilling, Aufbruch, S. 156). Insofern war Müntzer in seinem

Selbstverständnis nicht mehr (aber auch nicht weniger) als ein konsequenter Reformer der Kirche, der diese zu ihren Ursprüngen zurückführen wollte. Daß solche Wiederherstellung recht radikale Veränderungen in der Welt bewirken konnte, war eine Konsequenz, die nicht nur Müntzer akzeptierte. Wir haben das bereits an anderer Stelle gesehen.

Durch seine Berufung als Pfarrer in die thüringische Reichsstadt Mühlhausen wurde der Konflikt mit der kursächsischen Landesherrschaft zunächst beendet; aber auch hier blieben die Konfrontationen nicht aus. Müntzers Theologie verband sich mit der in jenen Jahren überall intensivierten Kritik an der Amtsführung städtischer Obrigkeiten. Gegen seinen Versuch und denjenigen seines Mitpredigers Heinrich Pfeiffer, die armen Bevölkerungsgruppen in der Vorstadt ebenso gegen die weltliche Obrigkeit zu mobilisieren wie die Bauern des Umlandes, setzte sich der Rat zur Wehr. Müntzer mußte die Stadt schon wenige Wochen nach seinem Amtsantritt wieder verlassen. In den folgenden Monaten führte er ein unstetes Wanderleben, das ihn schließlich nach Süddeutschland und in Kontakt mit den bäuerlichen Unruhen führte.

Es war die von Thomas Müntzer formulierte Institutionenkritik, die auch an anderen Orten seit etwa 1524 vorgetragen wurde. In unterschiedlicher theologischer Vertiefung richtete sie sich gegen die die reformatorische Erneuerung in ihren Augen verfälschende zu enge Anbindung der Kirche an die Obrigkeit. In Zürich fanden sich solche Bewegungen im Umkreis Zwinglis seit Mitte der zwanziger Jahre mit Ausstrahlungen in die ganze Schweiz, das Elsaß, Süddeutschland, Mähren, Polen, schließlich sogar in die Niederlande. Aufgrund ihres gemeinsamen Merkmals der Ablehnung der Kindertaufe werden sie in der Forschung als Täuferbewegung bezeichnet. In Zürich begann die Opposition auf seiten der Laien, wie dem Ratsherrensohn Konrad Grebel oder dem Buchhändler Andreas Castelberger. Beide waren zunächst Weggefährten des Reformators Zwingli gewesen, hatten sich dann aber mit dem Vorwurf von ihm abgewendet, es mangele ihm an Konsequenz, wenn es um die Praxis der Heiligung der

Gemeinde gehe. Der Konflikt erhielt sehr rasch grundlegenden Charakter, da es um Gegensätze in der Auffassung vom Gottesdienst und der Ordnung der Kirche – eben der Institutionen – ging. Zudem stützten sich die Kritiker auf radikale Strömungen in den Zürcher Landgemeinden. Von beiden gemeinsam wurde die Abschaffung der Kindertaufe gefordert, man wollte eine Kirche der Heiligen, womit deren volkskirchlicher Charakter in Frage gestellt wurde. Zwingli stand auf der Seite des Rates, der in einem Erlaß vom Januar 1525 die Kindertaufe bei Strafe der Verbannung festschrieb. Dennoch wurden in den nächsten Wochen in der Stadt und in der Landgemeinde Zollikon Erwachsenentaufen praktiziert mit der Folge der Verhaftung zahlreicher Täufer.

Auch hier entstand der Konflikt um die Charakterisierung dessen, was als Wiederherstellung des Alten bezeichnet wurde! Denn auch die Täufer wollten keine grundstürzende Änderung des Vorhandenen; vielmehr ging es ihnen um die Wiederaufrichtung des urchristlichen Gemeindelebens. Der Maßstab für alle christliche und also soziale Ordnung war das Wort der Bibel; deshalb wurde zumeist der Kriegsdienst verwehrt, das Eidschwören verweigert und die Übernahme bürgerlicher Ämter abgelehnt.

Es ist zumindest nachvollziehbar, daß diese konsequente Lebensweise den weltlichen Obrigkeiten, altgläubigen wie protestantischen, Probleme bereitete. Sehr rasch galten die Täufer deshalb als Aufrührer, zumal sie sich mehrheitlich aus den unteren sozialen Gruppen rekrutierten und zeitweilig Verbindungen zu den aufständischen Bauern bestand. Nicht selten kam es zu blutigen Verfolgungen; in Zürich und im seinerzeit habsburgischen Württemberg erfolgten 1527 die ersten Hinrichtungen. Allerdings gab es auch Gegenbeispiele: der hessische Landgraf Philipp etwa lehnte es ab, die Täufer lediglich aufgrund des Verdachts der Unruhestiftung zu bestrafen. Auch manch protestantischer Theologe versuchte, ihre theologischen Anliegen zu verstehen und sie durch deren Berücksichtigung in die reformatorischen Kirchen zurückzuholen; dazu gehörte u.a. der Straßburger Reformator Martin Butzer (lat. Bucer/1491–1551). Die unduldsame Politik der Landesherren hatte im Reich Erfolg. Bis zum Ende der dreißiger Jahre waren die Täufer zurückgedrängt worden. Lediglich in Münster erlebte die Bewegung 1534/35 noch einmal eine Neuauflage, die zugleich ihre endgültige Diskreditierung bedeutete.

IV. Resonanz und Rezeption. Reformation und soziale Gruppen

1. Bauernkrieg

Was hat der Bauernkrieg mit der Reformation zu tun? Im Laufe der letzten Jahrzehnte sind die Antworten auf diese Frage immer differenzierter geworden, Zeichen eines geschichtswissenschaftlichen Erkenntnisgewinns, der mit der Entideologisierung dieses Teils der deutschen Geschichte verbunden ist. Während die katholische Geschichtsschreibung des 19. Jahrhunderts den Protestantismus als revolutionäre Theologie für den Ausbruch von Unruhen und Gewalt verantwortlich machte, betonte die protestantische Deutung dieser Jahrzehnte den obrigkeitsstützenden Charakter der lutherischen Theologie, der sich in der Verurteilung der Bauern durch den Reformator gezeigt habe. Im Anschluß an die liberale Deutung des frühen 19. Jahrhunderts hatte Friedrich Engels (1820–1895) bereits Jahrzehnte vorher die marxistische Interpretation von der *Reformation* als bürgerlich-theologischer *Revolution* formuliert, die den Bauernkrieg vorbereitete. Deren Scheitern allerdings war Luther, dem „Fürstenknecht", zuzurechnen. Auch wenn die konfessionellen und parteipolitischen Deutungen des Zusammenhanges zwischen Reformation und Bauernkrieg heute kaum mehr Gültigkeit haben: daß ein Zusammenhang bestand, ist einhellige Meinung der Forschung, selbst wenn es über die Bewertung der verschiedenen Komponenten jener Wechselbeziehung bis heute Diskussionen gibt.

Die Vermittlung zwischen bäuerlichen Reformforderungen und Reformation war keine revolutionäre; sie vollzog sich vielmehr in den Bahnen, die wir als charakteristisch für den Ausgang des Mittelalters bereits beschrieben haben: in der Anknüpfung an das „alte Recht" einerseits, dessen Wiederherstellung als Legitimationsbasis galt, in der Verbindung des protestantischen Gemeindeprinzips mit den Formen bäuerlich-dörflicher Selbstverwaltung andererseits, die sich in ihrer genossenschaftlichen Struktur nachdrücklich gegen herrschaftliche Ordnungsmodelle des Adels und der Landesherrschaft absetzten. Beide Verbindungen lassen sich in dem zentralen Dokument des Bauernkrieges greifen, den Ende Februar 1525 entstandenen *Zwölf Artikel(n) der Bauernschaft in Schwaben*, die vermutlich von dem Memminger Kürschnergesellen und Feldschreiber Sebastian Lotzer (1490–1525[?]) unter Beteiligung des Prädikanten Christoph Schappeler (1472–1551), eines „Zwinglianers", verfaßt worden sind. War es in den meisten regionalen Vorläufern der zwölf Artikel noch das „alte Recht" gewesen, auf das Bezug genommen wurde, so bemühte man nun stattdessen das „Göttliche Recht". Auch dies war eine alte Formel; wahrscheinlich hatte sie der englische Ketzer John Wiclif (ca. 1320–1384) schon am Ende des 14. Jahrhunderts für die Rechtfertigung bäuerlicher Belange benutzt. 1525 aber knüpfte man mit diesem Begriff ausdrücklich an das reformatorische Verständnis des Wortes an: „Göttliches Recht" war das biblische Recht, war das Recht des Evangeliums (Moeller, Zeitalter, S. 92). Daß damit eine Erweiterung des legitimierenden Horizontes gegeben war, steht außer Frage. Luthers sola scriptura, das reformatorische Schriftprinzip also, öffnete das Verständnis der Welt als *Schöpfungsordnung*, deren Grundnormen in der Bibel formuliert und deren Aufrechterhaltung einklagbar war. Darüber hinaus hatte die Berufung auf das „Göttliche Recht" zentralisierende Funktion, denn das „alte Recht" war stets regional beschränkt gewesen. Nunmehr wurde eine übergreifende Legitimationsbasis für alle Forderungen denkbar: der Bauernprotest „als nationale Bewegung war möglich" (Schilling, Aufbruch , S. 147).

Die Verbindung zum protestantischen Gemeindeprinzip formulierte der erste Artikel der Memminger Programmschrift, in dem die *Wiederherstellung* des Rechts der freien Pfarrerwahl durch die Gemeinde gefordert wurde. Dadurch sollte gesichert sein, daß der Geistliche tatsächlich im Dorf als Seelsorger anwesend war und alle Gemeindeglieder unabhängig von ihrem Stand geistlich betreute. Dazu gehörte vor allem, und auch das zeigt die Rezeption der reformatorischen

Lehre, „daß der selbige erwählte Pfarrer soll uns das heilige Evangelium lauter und klar predigen, ohne allen menschlichen Zusatz, Lehr und Gebot" (Geschichte in Quellen, S. 145). Aber auch in den folgenden, ausschließlich den wirtschaftlichen und sozialen Problemen der bäuerlichen Gemeinden gewidmeten Artikeln wird die Präsenz des reformatorischen Gemeindegedankens in seiner ganzen „in die Welt wirkenden" Dynamik greifbar. Wenn die Verwaltung des Kirchenzehnten der Gemeinde übergeben, also „kommunalisiert" werden sollte, wenn die Allmendrechte, also die gemeinsame Nutzung von Gemeindewiesen und -äckern zurückgefordert wurden, wenn die Nutzungsrechte am Fischfang, der Jagd und des Waldes wiederum „der ganzen Gemeinde anheimfallen" (12 Artikel) sollten, da sie von seiten der Herren einseitig zu Herrschaftsrechten erklärt worden seien, so wird mit dem legitimierenden Hinweis auf die Schöpfungsordnung die „Sakralisierung und Verchristlichung des Gemeindegedankens deutlich: Nicht nur [...] die bäuerliche communitas (Gemeinschaft) wird als christliche Bruderschaft begriffen, sondern auch in den Beziehungen zur Herrschaft [...] sollte die ‚brüderliche Liebe' Richtschnur sein" (Schilling, Aufbruch, S. 148).

Die Forderungen der Bauern verweisen auf die konkreten sozialen, wirtschaftlichen und politischen Spannungen, die ja keineswegs über Nacht aufgetreten waren. Der Bevölkerungsdruck, die Intensivierung der Gutsherrschaft, der Versuch mancher Territorialherren, die Entfaltung ihrer Herrschaft durch Beseitigung von selbstverständlich gewordenen politischen Positionen in Gestalt institutionalisierter Formen der genossenschaftlichen Selbst- und Mitbestimmung (sei es im Dorf, sei es auf den Ständevertretungen) zu sichern: dies alles waren Konflikte, die sich um die Jahrhundertwende verschärften. Die Verbindung mit der reformatorischen Bewegung gab dem dagegen gerichteten Bauernprotest eine bis dahin nie vorhanden gewesene Durchschlagskraft.

Der Protest allerdings hatte recht verschiedene regionale Schwerpunkte, ein Zeichen dafür, daß zur Erklärung der Zuspitzung der Konflikte die tiefgreifenden landschaftlichen Unterschiede berücksichtigt werden müssen. Eine Aussage über *die* Ursachen des Bauernkrieges wird dadurch sehr erschwert. Weite Teile des Reiches blieben vom Bauernkrieg ganz unberührt, wie z.B. der Norden und Nordosten, aber auch solche Kernlandschaften wie das Herzogtum Bayern und das Königreich Böhmen. Im Nordwesten war die Grundherrschaft nur noch so schwach ausgeprägt, daß ein wesentlicher Konfliktauslöser fehlte; das gilt, wenn auch abgeschwächt, ebenso für Bayern. Im Osten wiederum hätten zwar die zunehmenden Verpflichtungen im Rahmen der sich intensivierenden Gutsherrschaft den geeigneten Anlaß zum Protest gegeben; hier aber fand er nicht statt! Vermutlich fehlten die entwickelten Formen bäuerlicher Selbstverwaltung, deren Infragestellung den Protest institutionalisiert hätte.

Seinen konkreten Anfang nahm der nun nicht mehr nur als Protest, sondern als Krieg zu bezeichnende bäuerliche Widerstand im Juni 1524 in einigen Dörfern im Südschwarzwald. Hier spielten reformatorische Gedanken noch keine Rolle. Aber der Widerstand der Bauern in der Stühlinger Herrschaft gegen ihren Grundherren fand Unterstützung durch die Bürger von Waldshut, die sich aufgrund der reformatorischen Aktivitäten ihres Pfarrers Balthasar Hubmaier, wiederum eines „Zwinglianers", in offener Auseinandersetzung mit ihrem habsburgischen Stadtherrn befanden. Dadurch wurden die reformatorischen Auseinandersetzungen mit den bäuerlichen Forderungen verbunden. Der Aufstand weitete sich auch aufgrund der Schwäche des habsburgischen Landesherrn sehr rasch auf den Hegau, den Klettgau, das Markgräflerland und weite Teile des Südschwarzwaldes aus. Eine politisch folgenreiche Verschärfung erfuhr der Konflikt dadurch, daß der aus seinem Territorium vertriebene Herzog Ulrich von Württemberg sich das Bündnis mit den aufständischen Bauern zunutze machen wollte, um mit Unterstützung schweizerischer Söldner sein Territorium zurückzuerobern. Denn nun formierte sich in Gestalt eines stattlichen Heeres des schwäbischen Bundes (eine Vereinigung der Fürsten und Reichsstädte im Südwesten des Reiches) unter Führung Bayerns eine militärische Gegenkraft. Inzwischen breitete sich die Unruhe auch an anderen Stellen des Reiches aus, nämlich in der in Oberschwaben gelegenen Herrschaft Kempten. Als Antwort auf die Versuche des geistlichen Landesherrn, seinen bäuerlichen Untertanen die Leibeigenschaft aufzuzwingen, verlangten diese schlicht aber charakteristisch die „Wiederherstellung“ ihres alten Rechts. Die Auseinandersetzung weitete sich in den nächsten Wochen aus, es kam zu einer allgemeinen Erhebung der Allgäuer Bauernschaft. Als deren institutionalisierter Kern wurde Ende Februar 1525 die „Christliche Vereinigung der Landart Allgäu“ gegründet. Rasch schloß sie sich mit anderen Bauerngruppierungen zusammen: dem Seehaufen vom Bodensee und dem Baltringer Haufen aus dem Gebiet zwischen Lech und Donau. Im Zentrum des letzteren lag die Stadt Memmingen, in der der schon erwähnte Christoph Schappeler die Reformation mit Unterstützung der Bürgerschaft und des Rates etablierte. Damit war auch an dieser Stelle die Verbindung zwischen reformatorischer und bäuerlicher Bewegung hergestellt.

Immer schneller weitete sich der Aufstand seit März 1525 aus: räumlich und auch in seiner sozialen Basis. Baltringer, Allgäuer und Seehaufen bildeten Ende März eine „Christliche Vereinigung“, die sich eine Bundesordnung gab; entsprechendes vollzogen die fränkischen Bauern. Zugleich breitete sich die immer gewaltsamer werdende Unruhe auch in Württemberg und Thüringen, der Pfalz und dem Elsaß aus, schließlich in Tirol, Salzburg und Innerösterreich; Ausläufer erreichten die Schweiz. Im April 1525 sollen sich 300000 Bauern im Aufstand befunden haben. Anfang April mußte sich der Erzkanzler und Kurfürst von Mainz mit seinem Territorium auf die zwölf Artikel verpflichten (Miltenberger Vertrag): der Höhepunkt des Aufstandes schien erreicht.

Bemerkenswert war die parallele Erweiterung der sozialen Trägergruppen des Krieges. Der Adel hielt sich weitgehend zurück, selbst wenn wir Ausnahmen wie den wohlhabenden und politisch erfahrenen fränkischen Ritter Florian Geyer (1490–1525) kennen, der sich den Aufständischen anschloß, oder den weitaus bekannteren Goetz v. Berlichingen (1480–1562), der den Miltenberger Vertrag vermittelte, sich aber angesichts des Scheiterns der Bauern rasch wieder zurückzog. Bedeutsamer war die Unterstützung durch eine große Zahl der wirtschaftlich wichtigen Bergknappen in Tirol, der Steiermark und in Thüringen. Eine große Zahl von Sympathisanten gab es schließlich im Stadtbürgertum, selbst wenn ein aktives Zusammengehen in der Mehrzahl der Fälle nicht belegt ist. Bezeichnend sind die Differenzierungen: die Bürger der kleineren Ackerbürgerstädte im Aufstandsgebiet unterstützten die Bauern angesichts vergleichbarer sozialer Lebensbedingungen. Die Bürger der Reichsstädte dagegen blieben in deutlicher Distanz. Dort, wo sie sich dennoch der Bewegung der Bauern anschlossen, geschah das aufgrund von innerem oder äußerem Druck (Rothenburg, Heilbronn, Kaisersberg im Elsaß).

In unmittelbarer Nachbarschaft zum Aufstandsgebiet gab es durchaus innerstädtische Unruhen, die durch den Bauernkrieg ausgelöst wurden. Zu nennen sind hier u.a. Worms, Speyer, Frankfurt/M., Mainz, Friedberg, Limburg und Köln. Dies führte dazu, daß die Unruhen nicht mehr als „Bauernkrieg", sondern als „Erhebung" oder „Revolution des gemeinen Mannes" bezeichnet worden sind (Peter Blickle). Im Anschluß an den Sprachgebrauch der Quellen werden mit dem Begriff des „gemeinen Mannes" außer den Bauern auch alle anderen, nicht herrschaftsfähigen Untertanen erfaßt. Selbst wenn diese Deutung eine gewisse Plausibilität für sich in Anspruch nehmen kann, so scheinen die Argumente der Stadthistoriker überzeugender, die den eigenständigen Charakter der städtischen Unruhen hervorheben, der in einem von der ländlichen Welt deutlich geschiedenen Rechts- und Verfassungsrahmen stattgefunden habe. „Die Bürgergemeinden in der Stadt [befanden sich] dem Rat gegenüber", so hat der Berliner Reformationshistoriker Heinz Schilling den strukturellen Unterschied charakterisiert, „nicht in gleicher Weise in einem Untertanenverhältnis wie die Bauern gegenüber ihren Herren." (Schilling, in: Wehler, Bauernkrieg, S. 238)

Mit seiner Ausweitung nahm der Bauernkrieg an Schärfe zu. Seit März 1525 kam es zu Plünderungen von Klöstern und Schlössern. Thomas Müntzer rief seine Anhänger nachdrücklich zur Gewalt auf, da er den Anfang des göttlichen Strafgerichtes gekommen glaubte. Trotz rudimentärer Ansätze zur programmatischen Formulierung einer grundsätzlich anderen Gesellschaftsordnung, die im Umkreis der „Christlichen Vereinigung" vom März 1525 feststellbar sind, kam es nirgendwo zu einem gemeinsamen Programm oder gar zu einer gemeinsamen Strategie der Bauern. Das erscheint dann einleuchtend, wenn gesehen wird, daß es der Mehrzahl der aufständischen Bauern in der Tat um die Wiederherstellung ihrer alten Rechte ging, ein revolutionäres Selbstverständnis durchaus nicht existierte und auch durch die Einbindung in die neue Legitimität der Schöpfungsordnung nicht geschaffen wurde! Als Antwort auf die 12 Artikel hatte Luther im April 1525 mit einem öffentlichen Appell an alle Beteiligten reagiert (*Ermahnung zum Frieden*) und vor Gewalt gewarnt. Zu den desungeachtet immer gewalttätiger werdenden Auseinandersetzungen äußerte sich Luther im April 1525 mit der schroffen, in jeder Hinsicht intoleranten Schrift *Wider die räuberischen und mörderischen Rotten der Bauern*, in der er der Obrigkeit als Amtmann Gottes empfiehlt, das Schwert zu gebrauchen.

Die Zerschlagung der bäuerlichen Bewegung geschah innerhalb weniger Wochen, zunächst in den oberdeutschen und thüringischen, erst später in den österreichischen Kerngebieten und in Salzburg. Es begann mit dem Sieg der Truppen des Schwäbischen Bundes über den Baltringer Haufen bei Leipheim am 4. April 1525. Der Führer der schwäbischen Bundestruppen, Georg Truchseß v. Waldburg, schloß noch am 17. April mit den übrigen Bauernhaufen einen Vertrag ab, wonach ein Schiedsgericht den Konflikt friedlich beenden sollte. Am 12. Mai konnte er die aufständischen Württemberger schlagen und am 16. Mai erlitten die elsässischen Bauern bei Zabern durch die Truppen des Herzogs Anton v. Lothringen eine vernichtende Niederlage, bei der rund 18 000 Bauern starben. Einen Tag zuvor hatten die vereinigten Truppen des Landgrafen Philipp v. Hessen und des Herzogs Georg v. Sachsen die Bauern bei Frankenhausen geschlagen. Thomas Müntzer, der auf der Seite der Bauern mitgekämpft hatte, wurde gefangengenommen und hingerichtet. Die Landesherren vollzogen, entgegen Luthers Rat zur Milde, an den Verlierern ein hartes Strafgericht – insbesondere in Thüringen und Oberdeutschland.

Daß aber die Niederschlagung des Bauernkrieges für die Bauern generell und die deutsche Geschichte insbesondere eine Katastrophe mit langanhaltenden Folgen gewesen sei, ist gewiß auch eine der vielen Geschichtslegenden, die sich um Reformation und Bauernkrieg ranken. Inzwischen hat eine differenzierte Forschung nachgewiesen, daß sich die soziale und wirtschaftliche Lage der Bauern seit der zweiten Hälfte des 16. Jahrhunderts durchaus stabilisierte, wenn nicht gar verbesserte. Schon aus Sorge vor einer neuen Erhebung waren die Landes- und adligen Herren bereit, für Abhilfe von Mißständen zu sorgen. Bereits auf dem Reichstag zu Speyer (1526) fanden ausführliche Verhandlungen über mögliche Konsequenzen aus den Forderungen der zwölf Artikel statt. Auch für den Fortgang der Reformation waren die Folgen des Bauernkrieges nicht nur negativ. Vom Ende der „Volksreformation", der nur noch die eigentlich verfälschte „Fürstenreformation" folgte, kann sicherlich nicht länger gesprochen werden. Die reformatorischen Bewegungen in den Städten setzten sich ungebrochen fort – mit dem ihnen eigenen Charakter.

2. Stadtreformation

„The reformation was an urban event – die Reformation war ein städtisches Ereignis", so formulierte 1974 der amerikanische Reformationshistoriker A.G. Dickens. Trotz seiner Überspitzung traf der Satz einen zentralen Sachverhalt: die reformatorische Bewegung im Reich hatte nicht nur, aber doch besonders in den Städten nachhaltige und nachhaltig verändernde Wirkung. Den Grund dafür hat der Göttinger Kirchenhistoriker Bernd Moeller 1962 erstmals in der folgenden These formuliert: „Die deutsche Stadt des Spätmittelalters [hatte] eine Neigung, sich als corpus christianum im kleinen zu verstehen." (Moeller, Reichsstadt, S. 15) Die damit bezeichnete Einheit von Kirchen- und Bürgergemeinde bot einen ausgezeichneten Resonanzboden für die Aufnahme der reformatorischen Theologie und ihres Gemeindeprinzips, das die stadtkirchliche Ordnung nachhaltig verändern sollte. In seinem für die frühe Phase der Reformation entscheidenden Gutachten zur Ordnung der Kirchengemeinde, das er für die kleine Stadt Leisnig 1523 angefertigt hatte, betonte Luther, daß die Ordnung gebende Kompetenz allein bei der Kirchengemeinde liege. Und diese war im Selbstverständnis des Stadtbürgertums jener ersten Jahrzehnte des 16. Jahrhunderts identisch mit der Bürgergemeinde: „Daß einer christlichen Versammlung oder Gemeinde Recht und Macht zustehe, alle Lehre zu beurteilen und Lehrer zu berufen, ein- und abzusetzen", so lautete Luthers Aussage (Luther, Werke, Weimarer Ausgabe, Bd. II, S. 408–416). Begünstigt wurde die Rezeption der reformatorischen Lehre zudem durch das für diese so zentrale Schriftprinzip. Hier wurde die Fähigkeit des Nachprüfens, des Nachlesens gefordert, eine Haltung also der Religion gegenüber, die der mentalen Struktur des Stadtbürgertums aufgrund seiner bereits weitergeführten Bildung näher lag als derjenigen der bäuerlichen Bevölkerung.

Die frühe reformatorische Bewegung war denn auch eine vor allem auf das Wort aufbauende Bewegung. Sie wurde durch die Predigt getragen, durch das gedruckte Wort in Gestalt von Bibelübersetzung und Flugblatt. Und dieses Medium erreichte aufgrund seiner Fähigkeit, auch die Bevölkerungskreise anzusprechen, die nicht lesen, dafür aber Bilder verstehen konnten, einen besonders hohen Wirkungsgrad. Die reformatorische Bewegung war nicht zuletzt eine des Gesanges und der Musik. Das geistliche Gemeindelied, der Choral, wurde zum wesentlichen Bestandteil des reformatorischen Wort-Gottesdienstes. Luther selbst war an der Verdichtung dieser für den Protestantismus bis in die Gegenwart Identität bietenden Tradition beteiligt. Die durch ihn erstmalig vollzogenen Umdichtungen biblischer Psalmen zu Gemeindeliedern sowie die „Erfindung“ des Gesangbuches als Sammlung der Kirchenlieder für den gottesdienstlichen Gebrauch schufen wichtige Grundlagen für die „neue Kirche“.

Die Affinität zwischen Reformation und Gemeindeprinzip erleichterte die Rezeption der reformatorischen Ansätze in einem Augenblick, in dem die für den „Stadtrepublikanismus“ (Schilling, Aufbruch, S. 171 u. ö.) konstitutiven Elemente von innen und von außen unter Legitimationsdruck gerieten. Das geschah nicht plötzlich und war nicht besonders „neuzeitlich“, wie der Blick auf das ausgehende 15. Jahrhundert zeigt; wir haben es eingangs skizziert. Die Reformation aber verlieh dem Anspruch auf politische Teilhabe der Bürgergemeinde (nicht des Einzelnen) eine ungemeine Dynamik, die gerade in der Situation der Bedrohung stabilisierend wirkte – für beide Seiten.

Der Konflikt im Innern entstand durch die einseitige Aufkündigung der Wechselseitigkeit in der Ausübung von Herrschaft, wie sie dem spätmittelalterlichen Politikverständnis zumindest in den Städten entsprach, von seiten des Stadtrates. Nicht länger sollte der genossenschaftliche Schwurverband die Basis der Herrschaftsübung sein, vielmehr die hierarchische Gliederung in Obrigkeit und Untertanen maßgeblich werden. Damit entzog sich der städtische Rat seiner unmittelbaren Verantwortlichkeit für alles politische Handeln gegenüber der Bürgergemeinde. Die sich mehrenden Auseinandersetzungen innerhalb der Städte, seien sie nun Land-, Reichs- oder Mischverfassungsstädte, zeigen, daß dieser Anspruch der Stadträte nicht akzeptiert wurde. Immer dann, wenn wirtschaftliche oder finanzpolitische Konflikte zu lösen waren, brachen die Gegensätze auf. Und wirtschaftliche Sorgen gab es in den ersten Jahrzehnten des 16. Jahrhunderts in Gestalt von Überbevölkerung und des Anpassungszwangs an die Strukturveränderungen im europäischen Handels- und Gewerbesystem genügend. Insofern bezeichnet das Wort von der Stadt als Konsensgemeinschaft das Ideal, die Realität stellte sich gerade in der Reformationszeit als „Konfliktgemeinschaft“ dar (Hamm, Bürgertum, S. 51). Beides aber ist kein Gegensatz! Die große Resonanz der reformatorischen Theologie beruhte ja gerade darauf, daß die Einheit der Gemeinde als religiöse und politische gepredigt wurde. Das galt auch dann noch, als sich die innertheologischen Differenzen immer schärfer herausstellten. Der Straßburger Reformator Martin Butzer hat dieses Bild von der Kirche als der von Gott geleiteten Gemeinschaft zum Grundzug seiner Theologie entwickelt. „Von daher entwarf er die Vision eines vollkommenen Gemeinwesens, das [...] in der Einheit kirchlichen und staatlichen Lebens gedieh und den Gemeinsinn zu seinem Gesetz hatte.“ (Moeller, Zeitalter, S. 112) Für die Stadträte der Reichsstädte verschärfte sich die Lage noch dadurch, daß die oberen Stände ihnen nur dann ein Mitspracherecht auf den Reichstagen einzuräumen gewillt waren, wenn sie sich als entscheidungsfähige Obrigkeiten darstellten.

Der Druck von außen entstand durch die Stadtherren, die im Zuge der Konzentration von Herrschaft die Sonderrechte der Städte zurückzuschneiden versuchten – Integration in das Territorium heißt dieser Vorgang in der Sprache der Verfassungshistoriker. Besonders betroffen davon waren die Landstädte, deren Stadtherr zumeist der jeweilige Landesherr war. Die Reichsstädte mit dem Kaiser als oberstem Herrn befanden sich aufgrund der frühneuzeitlichen „Kaiserferne“ zu diesem Zeitpunkt noch in einem Schonraum. Auch die Eingriffsversuche des Landesherrn wurden als Angriff auf das Gemeindeprinzip verstanden, denn gerade die wirtschaftliche und politisch-militärische Autonomie war dessen konstitutives Element.

In den zahlreichen „Stadtreformationen“, die sich zwischen 1520 und 1540 im Alten Reich vollzogen, entlud sich nicht zuletzt dieses Konfliktpotential. Damit wird deren religiöse Qualität nur für denjenigen in Frage gestellt, der die unauflösliche Verzahnung von Kirche und Welt in der Frühen Neuzeit nicht zur Kenntnis nimmt. Denn es war die Absicht, auf der Grundlage der „Kommunalisierung der Kirche" (Blickle, Gemeindereformation, S. 167 u.ö.) die bedrohten gemeindlich-genossenschaftlichen Prinzipien städtischer Kultur zu verteidigen und zugleich zu festigen. Insofern verband sich in der Stadtreformation der religiöse Aufbruch mit der Rückkehr zu den „als gut" befundenen Verfassungstraditionen. Darin liegt in der Tat ein neuer, ein spezifischer Sinn der Reformation.

Fast alle klangvollen Städtenamen der Frühen Neuzeit finden sich, wenn die Reihe derjenigen genannt wird, die sich dieser Bewegung anschlossen. Neben den großen Reichsstädten im Süden, wie Augsburg, Basel, Ulm und Straßburg, stehen die Vertreter des reichsstädtischen Westens in Gestalt von Worms, Speyer, Frankfurt/M. und Mainz; nur Köln blieb der alten Kirche treu. Und ebenso gehören dazu die städtischen Reformationen in den großen nord- und ostdeutschen Reichs- und Hansestädten, wie Bremen, Hamburg, Lübeck, Braunschweig, Magdeburg, Mühlhausen, Stralsund, Wismar, Rostock und schließlich Danzig. Die Vielfalt der Abläufe kann hier nicht skizziert werden, lediglich ein Beispiel, das allerdings in seinem radikalisierten Ende nicht typisch ist, soll knapp beschrieben werden.

Dabei handelt es sich um *Lübeck*, die norddeutsche Reichs- und Hansestadt, die bereits zu Beginn der zwanziger Jahre des 16. Jahrhunderts mit der Reformation in Berührung kam. Obwohl zunächst das Domkapitel und der von Patriziern getragene Rat aus Sorge vor Unruhen und wirtschaftlichem Schaden die reformatorische Bewegung zurückhalten wollte, setzten sich die Anhänger der „Lutherischen" durch. Die kräftige genossenschaftliche Opposition, die sich in Lübeck wie in anderen Städten jener Jahre gegen die auf ihre „obrigkeitlichen" Rechte pochenden, zudem in Lübeck ausgesprochen wohlhabenden Ratsfamilien richtete, bezog sich nachdrücklich auf die reformatorische Theologie. 1528 wurde ein Kontrollorgan der Bürgerschaft eingerichtet, das sich aus Vertretern der nichtpatrizischen Kaufmannschaft und der

Handwerker zusammensetzte. 1530 mußte der Rat die Einführung der Reformation in Lübeck akzeptieren. Die altgläubigen Ratsmitglieder legten ihr Amt nieder, die meisten gingen ins Exil. Reformation bedeutete in Lübeck – und keinesfalls nur hier – einen Elitenwechsel. 1531 wurde die von Johannes Bugenhagen (1485–1558), dem Reformator auch von Pommern, ausgearbeitete Kirchenordnung angenommen. Die weitreichenden Veränderungen im Kirchenwesen der Stadt, die von der Gottesdienstordnung über das Schul- bis zum Armenwesen reichten, nahmen ihren Anfang.

Und damit veränderte sich auch die soziale Struktur der Stadt: nicht mehr katholische Priester, Mönche und Nonnen gestalteten das kirchliche Leben, sondern die deutlich verringerte Zahl evangelischer Pfarrer. Sie alle hatten eine legitime Ehefrau (die evangelischen Kirchenordnungen regelten auch dies), zumeist auch Kinder. Schon in der Mitte des 16. Jahrhunderts kursierte der Spruch: „Der Pfarrer hat viele Bücher und viele Kinder." Der evangelische Geistliche lebte also in einer viel unmittelbareren Weise als die altgläubigen Amtsträger in der Welt der Gemeindemitglieder, mit allen Folgen für die amtsbezogene Distanz und die alltägliche Nähe. „Die konsequente Einbindung des entsakralisierten ‚geistlichen' Amtes in die Welt, die Auffassung, daß *alles* menschliche Tun Gottesdienst sei, war ja gerade das Anliegen Martin Luthers gewesen." (Schorn-Schütte, Evangelische Geistlichkeit, S. 20) Die Ausbildung des evangelischen Pfarrer„standes" reichte selbstverständlich über die Städte hinaus. Es ist geradezu das Merkmal protestantischer Territorien geworden, daß sie seit der Reformation durch eine gänzlich neue soziale Gruppe mit weitreichenden sozialen Kontakten und verwandtschaftlichen Beziehungen geprägt wurden. Innerhalb der Städte – und das gilt für Lübeck in besonderem Maße – erhielten die reformatorisch gesinnten Geistlichen durch die Einrichtung eines Predigerministeriums (Zusammenschluß aller Pfarrer) eine institutionalisierte Einflußsphäre. Bereits in der zweiten Hälfte des 16. Jahrhunderts entstanden daraus neue Konflikte zwischen Kirche und Welt.

Die grundlegende Neuerung, die in Lübecks Kirchenordnung verankert war, bestand in der Übernahme des Kirchenregiments durch den Stadtrat. Das hieß, daß nunmehr alle Pfarrstellen nur noch durch die Gemeinde selbst, vertreten durch ihren Rat, besetzt werden konnten, daß nur die Gemeinde selbst die Finanzen der Kirchen kontrollierte, daß nur die Gemeinde selbst das Armen-, Kranken-, Sozial- und nicht zuletzt das Bildungswesen kontrollierte, also gestaltete. Der damit verbundene Gewinn an städtisch-gemeindlicher Autonomie zeigt den Erfolg der „Koalition" mit der reformatorischen Bewegung. Andererseits verweist er auch auf die Gefahren des Erfolges, die in der Steigerung der Macht der Stadträte lagen.

In Lübeck vermehrten sich nach der Einführung der Reformation im Unterschied zu anderen Städten die sozial- und verfassungspolitischen Gegensätze allerdings noch. Das hing nicht zuletzt mit der außen- und wirtschaftspolitisch sehr selbständigen Rolle zusammen, die die Stadt noch im ausgehenden 15. Jahrhundert als Hansestadt hatte spielen können. Als dies sich änderte, wurden die Anpassungsschwierigkeiten außergewöhnlich groß. Die prägende Gestalt in jenen bewegten Jahren war Jürgen Wullenwever (ca. 1492–1537). Selbst Angehöriger einer der aufsteigenden Großhandelsfamilien, die sich gegen die politische Dominanz des patrizischen Rates im Zuge der Reformation gewehrt hatten, wurde er 1533 nach dem Sturz des nur von Patriziern gebildeten Rates Bürgermeister. Der neue Rat, dem er vorstand, setzte sich aus nichtpatrizischen Kaufleuten und Handwerksvertretern zusammen. Die nichtbürgerlichen Gruppen der Lübecker Stadtbevölkerung, die an der Durchsetzung der Reformation maßgeblichen Anteil gehabt hatten, waren auch jetzt von der politischen Macht ausgeschlossen; das entsprach Wullenwevers Politikverständnis durchaus. Der innenpolitischen Stabilisierung fehlte die Bestärkung durch äußere Erfolge. Das von Wullenwever angestrebte Bündnis mit Dänemark scheiterte am Widerstand des dortigen altgläubigen Adels. In den 1534 ausbrechenden Krieg mit den Dänen mußten die Lübecker ohne nennenswerte Bündnispartner eintreten, denn selbst die hansischen Nachbarstädte Rostock, Wismar und Stralsund hatten aus Sorge vor einer wirtschaftlichen Übermacht der Lübecker eine Unterstützung abgelehnt. Angesichts der sich abzeichnenden militärischen Niederlage schwächte ein 1535 formuliertes Mandat des Reichskammergerichts die Position der Stadt weiter: es wurde die Wiederherstellung der patrizischen Verfassung verlangt. Die Stadt beugte sich, Wullenwever mußte von seinem Bürgermeisteramt zurücktreten. Auf einer außenpolitischen Zielen dienenden Reise nahmen ihn Truppen des Erzbischofs von Bremen gefangen und lieferten ihn an dessen gleichfalls altgläubigen Bruder Heinrich v. Braunschweig-Wolfenbüttel aus. Von diesem wurde er 1537 als „Kirchenräuber, Aufrührer und vermeintlicher Täufer“ (Rabe, Jahrhundert, S. 341) hingerichtet.

Wullenwevers Scheitern verweist auf die späteren, sich rasch in gegensätzlichen Konfessionslagern verhärtenden Entwicklungen und damit auf die sehr rasche „Politisierung“ der reformatorischen Bewegung, womit hier deren Nutzbarmachung für die machtpolitischen Interessen der Reichs- und Landstände gemeint ist. Denn, daß die „Kommunalisierung der Kirche“, als die sich die reformatorische Bewegung in den ersten Jahren darstellte, eine im modernen Sinne des Wortes „Politisierung“ bedeutete, soll überhaupt nicht bestritten werden. Das aber hat das Anliegen der Reformation zunächst nicht beeinträchtigt: im Gegenteil. Es war doch gerade die Erwartung der Verweltlichung des Geistlichen und der Heiligung des Weltlichen, die Luthers theologischen Anspruch ausmachte.

3. Die Bewegung der Ritterschaft

Nach Bauern und Bürgern wenden wir uns schließlich der dritten sozialen Gruppe zu, die die Realität des Alten Reiches maßgeblich prägte, der Reichsritterschaft, dem niederen Adel mithin. Dessen wirtschaftlich und politisch prekäre Lage an der Jahrhundertwende ist bereits vertraut; auf den Funktionsverlust des ritterschaftlichen Lebensideals haben wir eingangs hingewiesen. Vielleicht lag es an dieser fast ausweglosen Situation, daß sich die Reichsritter als erste weltliche Anhänger Luthers zu erkennen gaben. Franz v. Sickingen (1481–1523) bot Luther schon 1520 den Schutz des mittelrheinischen Adels an. In der großen Ritterschaftsbewegung, die 1522/23, als adliger Vorläufer der Bauernbewegung sozusagen, unter der Führung v. Sickingens verlief, ging es dem Niederadel darum, durch die Verbindung von religiöser Reform und der Forderung nach Wiederherstellung alter Standesprivilegien eine Steigerung der Legitimität seiner Forderungen zu erreichen. Die Verbindung zwischen reformatorischer Theologie und ritterschaftlichem Programm war nicht so intensiv, wie dies für die Stadtreformation oder auch die Bauernkriegstheologie festgestellt werden kann. Aber in der gemeinsamen Ablehnung des unchristlichen Rom und der verdorbenen Geistlichkeit fanden sich die Ritter bei Luther wohl verstanden. Der ausgeprägte Antiklerikalismus jener Zeit war für diese Vermittlung wichtig. Ulrich v. Hutten (1488–1523), der Humanist unter den Reichsrittern, verlieh ihm in einem Flugblatt von 1522 Ausdruck, in dem er zugleich allen geistlichen Amtsträgern den Kampf ansagte. Mit Luther, der zu diesem Zeitpunkt ja selbst noch ein Kleriker war, verband ihn das, wie er meinte, gemeinsame *nationale* Anliegen. In Luthers Absicht aber lag diese Wendung nicht. Das wird in der großen Reformschrift von 1520 deutlich, die Luther *An den christlichen Adel deutscher Nation; von des christlichen Standes Besserung* richtete. Die Universalität seiner Zielsetzung ist nicht zu verkennen, denn „anstelle des von Rom usurpierten Einheitsprinzips der Christenheit zielte Luther eine romfreie Solidarität der christlichen Völker an“ (Lutz, Einheit, S. 219). Auch den religiös bestimmten Freiheitsbegriff bei Luther hat Hutten offensichtlich mißverstanden.

Selbst wenn die frühe Stützung der reformatorischen Bewegung auf Mißverständnissen beruhen sollte, bleibt die Tatsache als solche beachtenswert. Auf der Ebernburg des Franz v. Sickingen wuchs die dritte evangelische Gemeinde im Alten

Reich nach Wittenberg und Nürnberg heran! 1521 hatte v. Sickingen die tägliche Messe abschaffen und durch einen sonntäglichen Gemeindegottesdienst ersetzen lassen. Die intensivste Verbindung zum reformatorischen Ansatz bei Luther bot sich für die Ritter wie für Bauern und Bürger über das Gemeindechristentum an, dessen Umrisse sich in den frühen 1520er Jahren allerdings erst abzuzeichnen begannen. Gerade die Reichsritterschaft identifizierte sich in hohem Maße mit dem genossenschaftlichen Modell politischer Herrschaftsübung, war dies doch ihr noch im späteren Mittelalter funktionierendes Bündnisprinzip.

Die 1522 geschlossene „brüderliche Vereinigung" kann als ein politisch-militärischer Schutzbund der oberrheinischen Ritterschaft charakterisiert werden, der, auf sechs Jahre geschlossen, durchaus religiöse Züge trug. Denn die Bundesgenossen sollten ihre Streitigkeiten nun nicht mehr mit Gewalt, auch nicht auf dem Wege des Gerichtsganges, sondern vor einer standesgemäßen Schiedsstelle austragen; in christlicher Brüderschaft sollten sie miteinander umgehen. Ob diese Sichtweise den Schluß rechtfertigt, der Bund sei die Basis für den im Laufe des 16. Jahrhunderts zu immer größerer Bedeutung heranreifenden christlichen Föderations- und Bundesgedanken gewesen, erscheint eher zweifelhaft. Denn dieser ritterschaftliche Ansatz erreichte keine politische Durchschlagskraft. Der Hauptmann Franz v. Sickingen blieb in seiner Fehde gegen den Kurfürsten und Erzbischof von Trier, Richard v. Greiffenklau, weitgehend ohne Unterstützung und dies, obwohl er seinen Angriff damit rechtfertigte, daß er „dem Evangelium eine Öffnung machen" wolle. Andererseits kamen der hessische Landgraf und der pfälzische Kurfürst dem Erzbischof zu Hilfe. Sickingen mußte die Belagerung der Stadt Trier schon nach kurzer Zeit im September 1522 wieder aufgeben. Der Gegenschlag 1523 wurde zum Desaster für den Ritter: in seiner Burg Landstuhl war er der überlegenen Technik der verbündeten Reichsfürsten ausgeliefert und starb kurz nach der Kapitulation im Mai 1523. Wenig später zog das Heer des schwäbischen Bundes gegen die schwäbischen und fränkischen Ritter, um sie an ihren Unabhängigkeitsbestrebungen innerhalb von Reich und Territorium zu hindern. Das war das Ende der Ritterschaftsbewegung, die nicht zuletzt das Ziel hatte, die territorialen Verfassungsstrukturen zugunsten des niederen Adels noch einmal aufzubrechen.

V. Spaltung und Verhärtung

Es war das Wechselverhältnis zwischen Religiösem und Sozialem, die Konsensfähigkeit des „Gemeindegedankens" der Reformatoren, das den reformatorischen Aufbruch begünstigte, stützte und ihn soweit stabilisierte, daß der Protestantismus als religionspolitische Kraft im Reich Bestand hatte und zugleich zum Kristallisationspunkt der Auseinandersetzungen um das Verhältnis zwischen Kaiser und Reichsständen wurde.

1. „Fürstenreformation" und die Verfestigung des Protestantismus

Der Blick auf die reformatorischen Initiativen zeigt, daß in der Mitte der zwanziger Jahre die spontane „Bewegung" zu allmählichem Abschluß kam, stattdessen sich die geplante, politisch zu vertretende Entscheidung für oder gegen die Reformation durchzusetzen begann. In der älteren, auch in der marxistischen Forschung zur Geschichte der Reformation wurden diese Phasen einander als „Volks- oder Gemeindereformation" und „Fürstenreformation" gegenübergestellt, nicht ohne eine Höherbewertung der Volksreformation anzufügen. Denn eine Reformation, die durch die weltlichen Obrigkeiten gelenkt wird, so ist die Argumentation, hat ihr Wesen aufgegeben. Gegen diese Interpretation spricht z.B., daß in den norddeutschen Stadtreformationen die „Gemeindereformation" bis weit in die vierziger Jahre des Jahrhunderts andauern konnte, die Phasen sich also offensichtlich überlagerten. Dagegen spricht aber auch die Einsicht in die Parallelität der Wirkungen von „Gemeinde"- und „Fürstenreformation". Denn mit der Übernahme der politischen Initiative durch die Landesherrn bzw. Stadtobrigkeiten war keineswegs automatisch die „Funktionalisierung" des Religiösen für die weltlichen Zwecke in dem Sinne verbunden, daß von einem Mißbrauch des einen durch das andere gesprochen werden könnte. In dem eingangs angedeuteten Sinne sollte vielmehr eine einheitliche „Kultur der Reformation“ angenommen werden, in der Elemente des Gemeindechristentums stets mit solchen einer obrigkeitlichen Steuerung verbunden sind. Die Aufgabe des Historikers ist es, zu beschreiben, welche Komponenten vorherrschen und aus welchen Gründen. Die Chance, dabei möglichst alle Varianten der komplexen Wirklichkeit im Auge zu behalten, spricht für sich.

Die Bereitschaft der weltlichen Obrigkeit, in die kirchlichen Belange gestaltend einzugreifen, war bereits im Spätmittelalter wohlbekannt – die Kontinuität auf dem Wege zum Landes- bzw. Stadtkirchentum also gegeben. Angesichts der Spannungen auf Reichsebene, die die Anerkennung eines zweiten Bekenntnisses alles andere als wahrscheinlich machten, wuchs die Notwendigkeit, das neue Kirchenwesen zu verankern und zu befestigen. Seit dem Speyerer Reichstag von 1526 lag die religionspolitische Verantwortung dazu ohnehin bei den Reichsständen. Selbst wenn häufig die „spontane Freiwilligkeit von Pfarrern und Gemeinden“ (Rabe, Jahrhundert, S. 361) wirksam wurde, so waren doch die Landesherren in dem Augenblick besonders gefordert, in dem solche Entscheidungen für ganze Territorien getroffen werden mußten.

In welche Richtung die jeweilige Entwicklung steuerte, war von zahlreichen stark regional bezogenen Komponenten abhängig. So liegt es auf der Hand, daß geistliche Territorien kein ausgeprägtes Interesse an einer endgültigen Hinwendung zur Reformation hatten. Insbesondere der landsässige Adel wollte aus Versorgungsgründen an der Bewahrung der alten Strukturen festhalten (Pfründen sollte es im Protestantismus nicht mehr geben). Die Säkularisierung eines geistlichen Territoriums ist wohl auch deshalb nur ein einziges Mal mit Erfolg vollzogen worden: durch die Umwandlung des Ordensstaates in das Herzogtum Preußen im Jahre 1525. Im Unterschied zu den geistlichen waren die weltlichen Territorien einem Wechsel zur Reformation nicht prinzipiell abgeneigt. Für sie konnte sich dieser Schritt in Gestalt der Erweiterung von politischer und wirtschaftlicher Macht (auf Kosten der geistlichen Gerichtsbarkeit sowie des Kirchen- und Klosterbesitzes) durchaus auszahlen.

Eine gern übersehene Komponente im Rahmen dieser Veränderungen war die Haltung der jeweiligen Landstände und hier insbesondere des landsässigen Adels. Dieser stand in zahlreichen Dienst- und Lehnsbeziehungen zu benachbarten Fürsten oder gar zum Kaiser selbst, deren Nutzen und Bindung sorgfältig gegen die mit der Einführung der Reformation verbundenen Chancen etwa in wirtschaftlicher Hinsicht abgewogen werden mußten. Es gab keinen Fall, in dem ein Landesherr sich gegen das Votum seiner Stände für die Reformation entschieden hätte. Andererseits hätte ein Votum der Stände gegen ihren Landesherren das verfassungspolitische Verhältnis zwischen beiden nachhaltig belastet: wäre doch damit die landesherrliche Religionshoheit, ein zentraler Teil der Herrschaftskompetenz, bestritten worden.

Ein recht anschaulicher und für die weitere Entwicklung folgenreicher Vorgang war die Organisation des Kirchenwesens in *Kursachsen* nach dessen Hinwendung zur Reformation. Luther selbst hatte wesentlichen Anteil an der theologischen Fundierung des landeskirchlichen Regiments gerade an dieser Stelle, denn er lebte sozusagen unter den Augen des Kürfürsten. In seiner Vorrede zum *Unterricht der Visitatoren*, jener von Philipp Melanchthon (1497–1560) 1528 verfaßten Instruktion für die Besichtigung und Bestandsaufnahme der sächsischen Kirchengemeinden (Visitation), wies er dem Kurfürsten die berühmte Rolle des „*Notbischofs*" zu, die es ihm erlaubte, in den Innenraum der Kirche einzugreifen – allerdings nur in Form des *Notrechts* für den Augenblick, in dem die eigentlich zuständigen Instanzen versagten. „Der Landesherr sollte dieses jus reformandi nicht kraft Amtes besitzen, sondern nur weil und soweit er selbst Christ und damit imstande war, als ein getreuer Amtmann Gottes im Fürstentum, als ein christlicher Hausvater höherer Ordnung Dienst zu tun." (Moeller, Zeitalter, S. 116)

Generationen von Historikern, Theologen und protestantischen Laien haben darüber gerätselt, ob Luther diese Wendung vom Gemeindechristentum zum obrigkeitlich gelenkten Landeskirchentum nur in Kauf nahm in der Hoffnung, daß der Verselbständigung der Notrechte durch die Verantwortung des christlichen Landesherrn eine Grenze gesetzt sei. In der Tat hat er die Wende bewußt gestaltet und in ihren praktischen Folgen mitgetragen. In dem 1529 in den Druck gehenden *Kleinen Katechismus* versuchte er, beide Linien in der Gestalt des christlichen Hausvaters als Landesvater zusammenzufügen. Damit hat er nicht nur die protestantische Frömmigkeit über Jahrhunderte tief geprägt – der kleine Katechismus war für alle lutherischen Protestanten die Grundlegung ihrer christlichen Sozialisation –, sondern ebensosehr das protestantische Staatsverständnis. Als „Obrigkeit im Vaterstand", so ließe sich Luthers christlicher Patriarchalismus kennzeichnen, der aber durchaus nicht mit der Entfaltung eines staatlichen Absolutismus gleichzusetzen ist, wie ihn die verfassungsgeschichtliche Forschung in den letzten Jahrzehnten mit dem Moderner-Werden von Herrschaftsstrukturen identifizierte. Man wird recht genau zu prüfen haben, ob der Wechsel zum Protestantismus in den Territorien stets einherging mit der Intensivierung frühneuzeitlicher Staatlichkeit in einem modernisierungsgeschichtlichen Sinn. Luther selbst hat durch sein striktes Festhalten an der Existenz zweier Regimente die Fiktion der Trennung beider Gewalten aufrechterhalten. Es war aber erst die Generation der Protestanten nach Luther, die in der patriarchalischen Fürsorgepflicht des christlichen Hausvaters auch deren herrschaftsbegrenzende Funktion gesehen und beschrieben hat. Von einem wesensmäßig obrigkeitsgehorsamen Luthertum wird man schon deshalb wohl kaum mehr sprechen können.

Die kirchenpolitische Wende wurde in aller Regel durch einen formalen Beschluß des Landesherren und seiner Stände eingeleitet. In den Städten bedurfte es eines entsprechenden Stadtratsbeschlusses; mancherorts wurde auch das Votum der ganzen vollberechtigten Bürgerschaft (alle Stadtbewohner, die das Bürgerrecht besaßen) eingeholt. Als erfolgreichstes Instrument zur Verwirklichung des Beschlusses diente nicht nur in Sachsen, sondern in allen evangelisch gewordenen Territorien das Instrument der *Visitation.* Auf Luthers Vorschlag knüpfte man damit an eine alte bischöfliche Pflicht an, die nunmehr von gemischten Kommissionen ausgeübt wurde. Diese bestanden aus weltlichen und geistlichen Amtsträgern und waren von weltlicher Obrigkeit eingesetzt. Mit der schriftlichen Formulierung förmlicher Kirchenordnungen (in denen alles von der Gottesdienstordnung über das Schul- und Ausbildungswesen, die Ordnung der Kirchenfinanzen bis zum Fürsorge- und Armenwesen geregelt wurde) fand die Begründung des evangelischen Kirchenwesen in der Regel ihren Abschluß. Trotz verschiedener Versuche, eine gemeinsame Kirchenordnung für alle Territorien zu formulieren, die sich dem Protestantismus zugewandt hatten, blieb die territoriale Fundierung maßgeblich. Das entsprach der allgemeinen Tendenz zur Stärkung der Territorien auch auf der Ebene des Reichs.

Die Verankerung eines evangelischen Landeskirchentums konnte nur auf der Basis eines weitgehend abgeschlossenen Lehrgebäudes gelingen, das die Abgrenzung gegenüber dem alten Glauben, aber auch gegenüber den weiteren evangelischen Bewegungen erlaubte. Die theologische Autorität des Reformators stand an dieser Stelle nie in Frage. Aber er hatte und brauchte theologisch beratende Freunde, die hohe Kompetenz z.B. für die Aufgabe der Bibelübersetzung mitbrachten. Von großem Gewicht war dabei Philipp Melanchthon, der humanistisch geprägte Mitreformator und diplomatische Verhandlungspartner in den zahlreichen Religionsgesprächen der folgenden Jahre. Unterstützung hatte Luther darüber hinaus durch Johannes Bugenhagen, Justus Jonas (1493–1555) und Caspar Cruciger (1504–1548). Sie waren eigene Persönlichkeiten, die, wie z.B. Melanchthon, in zentralen Fragen der theologischen Vertiefung ihre eigenen Positionen vertraten. Weitreichende Folgen, vor allem für die Generation von Theologen, die das Luthertum nach Luthers Tod prägten, hatte der Streit um Melanchthons Lehre von den guten Werken. Die von ihm behauptete Heilsnotwendigkeit der guten Werke gab verständlicherweise Anlaß zu Kritik und es bedurfte der ganzen Autorität Luthers, um weiteren Streit zu vermeiden. Aber hier blieb ein ungelöstes Problem; die folgenden Generationen nahmen den Zankapfel wieder auf.

Der Gegensatz zur alten Kirche war für Melanchthon und Luther seit den späten zwanziger Jahren gleichermaßen unüberwindbar geworden. In dieser schroffen Ablehnung unterschied sich Luther allerdings von den weltlichen Herren; noch lange Jahre versuchten diese, den Ausgleich oder gar die Versöhnung zu erreichen. Erst mit den dogmatischen Verlautbarungen (Dekreten) des Konzils zu Trient aus den ausgehenden vierziger Jahren wurde der Bruch unheilbar. Am schwierigsten gestaltete sich die Auseinandersetzung, schließlich Abgrenzung von den sogenannten „Zwinglianern", also den evangelischen Schweizern. Konfliktpunkt war das unterschiedliche Abendmahlsverständnis; der Versuch, mit Hilfe des Marburger Religionsgespräches 1529 zu einer Einigung zu gelangen, war vergeblich gewesen. 1536 verabschiedeten sie ein eigenes Bekenntnis in der Abendmahlslehre, in dem der symbolische Gehalt des Mahles als Erinnerung betont wurde. Angesichts der militärischen Niederlage der Zürcher bei Kappel gab es schließlich erfolgreiche Versuche, die vier oberdeutschen Städte (Straßburg, Konstanz, Memmingen und Lindau) in eine theologische Gemeinsamkeit mit den Lutheranhängern aufzunehmen. Dank intensiver Vermittlungen durch den Straßburger Reformator Martin Butzer und die politische Rückendeckung durch den hessischen Landgrafen Philipp gelang die Annäherung in der Abendmahlsfrage (Wittenberger Konkordie); im Mai 1536 nahm man Brot und Wein gemeinsam.

2. „Doppelte Staatlichkeit" in der Frühen Neuzeit? Reichsständische Freiheit, konfessionelle Differenzierung und die kaiserliche Universalmonarchie

Die enge Verzahnung von Religiösem und Sozialem, von Religiösem und Politischem ist das Charakteristikum des 16. Jahrhunderts; ohne diesen Grundzug der Zeit ist die Reformation nicht zu verstehen. Ohne diesen Grundzug ist aber auch die für die deutsche Geschichte prägend gewordene Vertiefung des Gegensatzes zwischen Kaiser und Reichsständen nicht zu verstehen, den die reformatorische Bewegung im Reich beschleunigte und mit einer wesensmäßig neuen Qualität versah: den konfessionellen Gegensatz. Die vielfältig verschlungenen Wege der Auseinandersetzung zwischen Kaiser Karl V. und dem immer klarer sich spaltenden Reichstag, die schließlich sogar die Form des militärischen Konfliktes annahmen, können hier nur in groben Zügen skizziert werden. Dennoch soll möglichst deutlich werden, welch langanhaltende Wirkung diese Gegensätze für die Entwicklung des politischen Denkens im Alten Reich hatten und damit auch für die Einstellung zur „Obrigkeit". Die langgestrickte Legende von der deutschen, speziell lutherisch geprägten Staatsgläubigkeit hat natürlich einen tiefreichenden „Sitz in der Geschichte". Aber unter der Voraussetzung, daß es sowohl eine Kultur der Reformation als auch eine politische Kultur im Alten Reich gab, deren Charakteristika gerade darin lagen, daß sie die Gegensätze vermittelte und dadurch Vielfalt garantierte, müssen auch die Entwicklungslinien ausgeleuchtet werden, die der bislang als dominant bezeichneten Linie nicht entsprachen. Denn wer weiß z.B. noch etwas von den Diskussionen um das Recht zum Widerstand gegen den Kaiser, die im Rahmen der reformatorisch-ständischen Bewegungen aufflammten?

Eines begünstigte den Ausbau der reichsständischen Autonomie: die weitgehend fehlende Präsenz des Kaisers im Reich. Heinz Schilling hat dies den „Windschatten" genannt, in dem das Reich aufgrund der vielfältigen europäischen Bindungen des Kaisers stand. Die Durchsetzung des Wormser Edikts geschah deshalb – wir haben es für die Person Luthers skizziert – eigentlich nicht. Das Reichsregiment, selbst religiös gespalten, konnte sich gegenüber den Territorialherren nicht durchsetzen. Lehnten also die Reichsstände eine Rückkehr zum status quo ante ab, so war es nur konsequent, daß sich die Religionsgruppen in unterschiedlichen Bündnissen zusammenschlossen. 1524/25 vereinten sich süd- und mittel- bzw. norddeutsche katholische Reichsstände im Regensburger bzw. Dessauer Bündnis. Im Februar 1526 entstand das hessisch-kursächsische Defensivbündnis von Torgau, dem sich weitere evangelische Reichsstände aus Norddeutschland sowie die Stadt Magdeburg anschlossen. Führender Kopf dieses Bundes war der hessische Landgraf Philipp. Auf dem Reichstag zu Speyer 1526 fand man noch einmal zu einem Kompromiß in der Religionsfrage, obgleich der durch seinen Bruder vertretene Kaiser insbesondere die evangelischen Stände scharf zur Verwirklichung des Wormser Edikts hatte auffordern lassen. Diese demonstrierten deshalb zwar Geschlossenheit, wollten aber eine direkte Konfrontation vermeiden: Beim Einritt auf dem Reichstag trug das Gefolge des sächsischen Kurfürsten und des hessischen Landgrafen einheitliche Kleidung mit dem Spruch verziert: „Verbum dei manet in aeternum – das Wort Gottes bleibt in Ewigkeit." In der Sache ging man nochmals mit den altgläubigen Ständen konform: Ein Ausschuß des Reichstages einigte sich auf die Empfehlung, in der Priesterehe und Laienkelch akzeptiert wurden. Einem formellen Beschluß dazu versagte sich der Kaiser mit dem Hinweis auf die Alleinzuständigkeit eines Konzils in allen Glaubenssachen. Kaiser und Reichsstände waren sich aber darin einig, daß die Einberufung eines solchen Generalkonzils oder – wie die Stände formulierten – einer Nationalversammlung so rasch wie möglich erfolgen sollte.

Allerdings: Papst und Kaiser, die sich in dieser Sache zunächst hätten verständigen müssen, standen sich seit Mai 1526 in offenem Krieg gegenüber. Und auch der Bruder des Kaisers war durch die Türkenbedrohung und den Kampf um die ungarische Königskrone außerhalb des Reiches so sehr gebunden, daß das Interesse für die Reichskonflikte zurücktreten mußte. Dessen ungeachtet vermehrten sich dort die Spannungen: Die evangelischen Bündnispartner erhielten Zulauf von einigen auch wirtschaftlich bedeutenden oberdeutschen Reichsstädten, die sich damit offen gegen den Kaiser, ihren Stadtherrn, stellten. Die traditionelle Loyalität der Reichsstädte gegenüber Kaiser und Reich geriet ins Wanken, und das traf den Kaiser empfindlich.

Angesichts solcher Spannungen war ein Reichstag bitter nötig, aber auch besonders konfliktträchtig: der zweite Speyerer Reichstag von 1529 bewies dies. Die machtpolitisch zwar nachvollziehbare, innenpolitisch aber unsensible Politik des Kaiserstellvertreters, König Ferdinand I. (1503–1564), steigerte die Spannungen weiter. Die altgläubige Mehrheit des interkurialen (Vertreter aller Ständegruppen) Ausschusses, der während des Reichstages die Religionspolitik beriet, setzte gegen die neugläubige Minderheit die Aufhebung des Religionskompromisses von 1526 durch, verbunden mit der Androhung der Reichsacht gegen alle, die dem nicht folgten. Diese faktische Bekräftigung des Wormser Ediktes traf die evangelischen Stände zutiefst. Sie provozierte jene *Protestation* vom 19. April 1529, die für das Selbstverständnis der Neugläubigen prägend war: seitdem wurden sie als die „protestierenden Stände“ bezeichnet, als Protestanten also. Die Geschichtsschreibung des 19. Jahrhunderts hat dieses Ereignis zu einer nationalen Befreiungsaktion umgedeutet, in der die neuzeitliche Gewissensfreiheit ihren Anfang genommen habe. Das ist, wie häufig, weder ganz richtig noch ganz falsch. Die „Protestierenden“ hatten lediglich ein gebräuchliches Rechtsinstrument des Reichstages in Anspruch genommen, wonach eine Minderheit gegen Mehrheitsbeschlüsse rechtswirksamen Widerspruch einlegen konnte, wenn sie dadurch wider das Recht gebunden wurde. Die Tatsache aber, daß dieses Instrument erstmals für die Entscheidung von Glaubensfragen Anwendung fand und zugleich die Kompetenz des Reichs in der Entscheidung von religiösen Fragen grundsätzlich bestritt, gab dem traditionalen Recht einen veränderten Charakter.

Die altgläubigen Stände nahmen die Protestation nicht zur Kenntnis; der Beschluß des Ausschusses wurde Bestandteil des Reichstagsabschiedes (offizieller Beschluß des Reichstages). Mit der Unterschrift von fünf Fürsten (u.a. Landgraf Philipp und Kurfürst Johann v. Sachsen) sowie der Gesandten von 14 Reichsstädten übergab man den Widerspruch der Protestanten daraufhin dem Kaiser und einem einzuberufenden Konzil. Die Rechtslage der „Protestanten" war allerdings prekär: Der Reichsabschied konnte notfalls auch mit Waffengewalt durchgesetzt werden. Bündnisvereinbarungen waren somit zumindest aus der Sicht der Evangelischen unvermeidbar. Noch im April 1529 schlossen führende Reichsstände, die sich zur Reformation bekannten (wiederum Kursachsen und Hessen, daneben wichtige Reichsstädte), ein geheimes Verteidigungsbündnis ab, in das auch zwei dem schweizerischen Protestantismus nahestehende Städte einbezogen waren. Philipp v. Hessen nahm sich der Festigung dieses Bündnisses in besonderem Maße an, indem er Partner über die Grenzen des Reiches hinaus und unter den verschiedenen Flügeln des Protestantismus zu finden suchte. Gewiß führte dies zur offenen „Politisierung der Reformation" (Rabe, Jahrhundert, S. 322), war aber zugleich deren Sicherung.

Des Landgrafen Bemühungen stießen auf z.T. unerwartete Widerstände, nicht zuletzt unter den eigenen Partnern, besonders aber bei Martin Luther. Diesem war der Gedanke einer aktiv gegen den Kaiser gerichteten Vereinigung in hohem Maße unheimlich: Bedeutete dies nicht Widerstand gegen die von Gott gegebene Obrigkeit, der Gehorsam geleistet werden mußte? Abgesehen davon, daß Luther auch der militärische Schutz des Evangeliums unlieb war, wollte er vor allem Einigkeit nur mit denjenigen unter den Evangelischen, mit denen er theologische Übereinstimmung erzielen konnte. Und das galt, trotz aller Bemühungen, für die Anhänger Zwinglis nicht. Die Auseinandersetzungen um das Bündnisrecht der Protestanten gegen den Kaiser hielten bis zum Abschluß des Schmalkaldischen Bundes im Frühjahr 1531 gelehrte Theologen und Juristen in Atem. Die Vorstellung vom *aristokratischen Charakter* der Reichsverfassung schließlich bot die Legitimationsgrundlage: da die Stände den Kaiser wählen, ist nicht nur er Obrigkeit, sondern die Reichsstände als Legitimität verschaffendes Gremium ebenfalls. Diese Vorstellung von der *doppelten* obrigkeitlichen Gewalt bot die Rechtfertigung der Beschränkung der erwählten Herrschaft durch diejenigen, die sie gewählt hatten, für den Fall, daß der Basiskonsens verletzt würde. Und das nahmen die protestantischen Stände in Religionssachen dem Kaiser gegenüber für sich in Anspruch; in der Forschung wird dies als „konstitutionelle Lösung" (Winfried Schulze, Geschichte, S. 138) bezeichnet. Die Rechtfertigung des Widerstandes gegen den Kaiser war formuliert, auch Luther hat sie schließlich anerkannt.

Der Kaiser hatte zum Juni 1530 zu einem weiteren Reichstag nach Augsburg eingeladen. Erstmals war er selbst wieder anwesend, die Tagungen gewannen damit einen größeren Grad an Verbindlichkeit. Seine politische Position wurde durch den soeben vollzogenen Friedensschluß mit dem Papst und die Tatsache, daß er sich von Clemens VI. in Bologna hatte krönen lassen, erheblich verbessert. Auf dem Reichstag sollte die Einheit des Alten Reiches wiederhergestellt werden, das am Glaubenskonflikt zu zerbrechen drohte. Auch der Kaiser wollte das und bot zunächst gütliche Verhandlungen an. Aber es war auch Karls Auffassung, daß nur die Rückkehr der Abtrünnigen in die Gemeinsamkeit der einen Kirche zum Ziele führen könne; nicht über Inhalte, nur über die Wege konnte also gesprochen werden. Der Wiener Historiker Heinrich Lutz hat in sehr nachdenkenswerten Formulierungen darauf hingewiesen, daß diese Vorstellungen des Kaisers einzuordnen sind in die kirchenpolitischen Zusammenhänge des reformkatholischen Spanien: hier gab es eine im Zeichen des Humanismus mit Hilfe der weltlichen Obrigkeit erneuerte Landeskirche, die dennoch im Schoße der römischen Kirche blieb. Es war die spanische Realität, die dem Kaiser ganz offensichtlich bei der Suche nach Lösungsmodellen für die „deutsche Frage" vor Augen stand.

Während des Reichstages wurde zum ersten Mal ein gemeinsames Bekenntnis der Protestanten erarbeitet, die Confessio Augustana, das *Augsburger Bekenntnis*. Die altgläubige Seite war bestens vorbereitet, führende Theologen, u.a. Johannes Eck, hatten sich auf eine Grundsatzdiskussion vorbereitet. Demgegenüber mußten die Protestanten die Gunst der Stunde erst noch erfassen, dann aber gelang es auch ihnen, unter Beteiligung wichtiger Mitarbeiter Luthers (Justus Jonas, Georg Spalatin, Philipp Melanchthon, um nur einige zu nennen) die Prinzipien der reformatorischen Lehre zu formulieren. Am 25. Juni 1530 wurde die Confessio einschließlich einer Vorrede des ehemaligen kursächsischen Kanzlers Gregor Brück im Namen von fünf protestantischen Reichsständen (Kursachsen, Hessen, Braunschweig-Lüneburg, Brandenburg-Ansbach, Anhalt sowie die Reichsstädte Nürnberg und Reutlingen) öffentlich verlesen. Die vier oberdeutschen Städte (Konstanz, Straßburg, Memmingen und Lindau), die trotz ihrer sonstigen Annäherung an die Lutheraner wegen des Unterschiedes in der Abendmahlsfrage die Confessio nicht hatten unterschreiben wollen, überreichten dem Kaiser ein eigenes Bekenntnis (Confessio Tetrapolitana).

Die Confessio trägt Melanchthons Handschrift; das Bemühen, die gemeinsamen Grundlagen zwischen altem und neuem Glauben herauszustellen, was sich z.B. im Nachweis der Relevanz auch der kirchlichen Tradition für die Protestanten zeigte, ist unverkennbar. Gegenüber allen radikalen Strömungen im Protestantismus (Täufer, Spiritualisten, aber auch Zwinglianer) formulierte sie eine deutliche Trennungslinie. Die Kernaussagen der reformatorischen Theologie blieben dennoch unmißverständlich stehen: nirgendwo wurde die sola-Theologie Luthers aufgegeben.

Während der Arbeit an den Artikeln des Bekenntnisses standen Melanchthon und seine Mitarbeiter in ständigem, wenn auch geheimgehaltenem Austausch mit dem Kaiserhof, um festzustellen, an welchen ganz praktischen Kirchenbräuchen ein Aufeinanderzugehen möglich sein würde – wiederum waren dies Priesterehe und Laienkelch, auch gewisse Variationen in der Liturgie. Damit wird deutlich, daß das Augsburger Bekenntnis auch als Dokument der Verständigung geschrieben worden war; die Unterschiede sollten so gering wie möglich dargestellt werden.

Die Antwort der anderen Seite fiel desillusionierend aus. Sehr rasch war das Urteil der von den altgläubigen Ständen mit der Begutachtung beauftragten Theologenkommission gefällt: nicht nur die confessio sei abzulehnen, die ganze reformatorische Bewegung müsse einem Ende zugeführt werden. Der Kaiser ließ das Dokument zu einem verkürzten Gutachten umarbeiten, das unter dem Namen *Confutatio* (Verteidigung) als kaiserliche Stellungnahme am 3. August vor den Reichsständen verlesen wurde. Deren Verfasser waren Johannes Eck und Johannes Cochlaeus (1479–1552). Die Protestanten antworteten mit ausdrücklicher Ablehnung der Confutatio; zähe Ausgleichsverhandlungen ab Mitte August schlossen sich an. Schließlich verweigerte der Kaiser aber sogar die Annahme der von den Protestanten erarbeiteten Apologie (Erläuterung) des Bekenntnisses. Als Karl V. im November 1530 die Religionsverhandlungen für gescheitert erklärte, waren die meisten protestantischen Stände bereits abgereist. Nur der Reichstag setzte mit Hilfe der altgläubigen Mehrheit das Wormser Edikt wieder in Kraft. In seinem Abschied bezeichnete er jede reformatorische Veränderung noch so friedlicher Art als Gewaltanwendung, die als Landfriedensbruch mit scharfen Sanktionen bedroht wurde.

Das war eine offene Kampfansage: nun gab es zwei Religionsparteien im Reich, die jeweils ausschließlich für sich den Wahrheitsanspruch formulierten. Die sehr konkrete Drohung der katholischen Stände beantworteten die Protestanten mit dem *Schmalkaldischen Bund*, den sie im Frühjahr 1531 abschlossen. Zu ihm gehörten neben Kursachsen und Hessen bedeutende süddeutsche Städte, insbesondere das einflußreiche Straßburg.

Der militärische Konflikt im Reich war nicht aufgehoben, er war nur aufgeschoben. Ein weiteres Mal mußte sich der Kaiser vorrangig den außenpolitischen Problemen zuwenden. Diesmal waren es die Türken, die auf Wien zumarschierten. Die gemeinsame Bedrohung veranlaßte ihn zu einer zeitlich begrenzten Duldung der Protestanten – man könnte es auch einen zeitlich befristeten Religionsfrieden nennen. Formuliert wurde er im sogenannten Nürnberger Anstand von 1532. Für dessen genau festgelegte Dauer war auch jener drohende Artikel des Augsburger Reichsabschiedes außer Kraft gesetzt, der alle reformatorischen Versuche als Landfriedensbruch charakterisierte. Im Gegenzug erklärten sich die evangelischen Stände zur Türkenhilfe bereit.

Der Kaiser verließ das Reich noch im gleichen Jahr. Die Konfrontationen zwischen ihm und den Ständen waren zunächst ausgesetzt. Aber weder die Religionsfrage noch die Verfassungsfrage als diejenige nach der Dominanz des kaiserlichen Herrschaftsanspruches oder derjenigen der „ständischen Libertät" waren entschieden. Erst mit Beginn der vierziger Jahre des 16. Jahrhunderts wandte sich Karl V. den deutschen Fragen wieder zu. Verschiedene offizielle Religionsgespräche zwischen den beiden religiösen Parteiungen sollten die Chancen theologischer Annäherungen ausloten – trotz aller Bemühungen blieben sie ohne Erfolg. Angesichts seiner außenpolitischen Siege (z. B. über die Türken) konzentrierte sich der Kaiser jetzt auf eine machtpolitische Lösung sowohl der Religions- als auch der Verfassungsfrage. Während des Regensburger Reichstages von 1546 demonstrierte er öffentliche Gesprächsbereitschaft mit den protestantischen Ständen, traf aber insgeheim die letzten Vorbereitungen für den Krieg gegen sie. Die Unterstützung durch den Papst mit Truppen und Finanzmitteln war ihm sicher. Die Kurie hoffte, dadurch Einfluß nehmen zu können auf die Fortsetzung des Konzils zu Trient, das im gleichen Jahr begonnen hatte. Auch einflußreiche protestantische Koalitionspartner hatte der Kaiser gewinnen können: Moritz v. Sachsen z. B., dem die Kurwürde versprochen worden war, die seinerzeit sein Vetter innehatte. Offizieller Anlaß des *Schmalkaldischen Krieges*, wie er nach dem Bündnis der protestantischen Seite genannt wurde, war die Vollstreckung (Exekution) der Reichsacht gegenüber dem hessischen Landgrafen und dem sächsischen Kurfürsten, mit der beide im Juli 1546 belegt worden waren, weil sie Herzog Heinrich von Braunschweig-Wolfenbüttel 1545 widerrechtlich gefangen genommen hatten.

Obgleich die militärischen Auseinandersetzungen für den Kaiser zunächst unter einem schlechten Stern zu stehen schienen, setzte er sich im April 1547 gegen die kursächsischen Truppen durch. Der sächsische Kurfürst wurde gefangengenommen, ebenso der hessische Landgraf, der sich dem Kaiser gestellt hatte. Die von Karl V. kontrollierten Territorien lagen im Süden des Reiches, ebenso wie die Masse der Reichsstädte, die sich der Kaiser unterworfen hatte. In Norddeutschland dagegen blieb die reichsständische Opposition bestehen. Ein Beispiel gab die Stadt Magdeburg, die den Widerstand gegen ihren „unchristlichen Stadtherrn" probte.

Der Reichstag zu Augsburg, den der Kaiser für Herbst 1547 einberief, hatte zwei Programmentwürfe zu beraten, die die Entscheidung der beiden noch immer ungelösten Fragen im Alten Reich im Sinne des Kaisers erleichtern sollten: Das *Interim* hätte die Religionsprobleme zu beenden, während der *Reichsbund,* als Liga mit dem Kaiser, unter dem Ziel stand, die Reichsverfassung im monarchischen Interesse Karls weiterzuentwickeln. Die Resolution, die er den Ständen auf ihren eigenen Entwurf einer Bundessatzung überreichte, enthielt sehr konkrete Planungen: der Bund sollte für eine genau bemessene Laufzeit abgeschlossen werden, in dieser Zeit galten alle Sonderbünde unter den Ständen als ausgesetzt; für die gesamte Dauer des Bundes sollte der Kaiser über eine bestimmte Anzahl von Truppen verfügen, die die Stände finanzierten. Daß dies nicht zur Zentralisierung des Reiches geführt hätte, liegt auf der Hand. Das politische Gewicht wäre allerdings deutlich zuungunsten der großen Territorien auf die Reichsspitze verlagert worden. Und auch die Forderung der Unterhaltung von Truppen beunruhigte die Stände zutiefst. In der Ablehnung der kaiserlichen „monarchia", die die „servitut" der Stände heraufbeschwören werde (Lutz, Einheit, S. 280), war man sich über alle Religionsgegensätze hinweg bis auf wenige Ausnahmen einig. Der Plan scheiterte – nicht nur weil die Reichsstände sich verweigerten, sondern auch, weil der Kaiser selbst im entscheidenden Moment seine dynastischen Eigeninteressen über diejenigen des Gesamtreiches stellte. Wie die Idee eines bündisch fundierten Reiches zu charakterisieren ist, wird in der Forschung nicht eindeutig beantwortet; wie so oft sind die Bewertungskriterien unterschiedlich. Gemessen aber an dem Wert, der die Reformationszeit stets bewegte, nämlich die Wiederherstellung der als gut betrachteten alten Ordnung, sprach vieles für den Plan. Denn das Bundesprinzip hätte das bewirken können, worauf die alte Ordnung beruhte: die Begrenzung von Herrschaft durch den Konsens der Beherrschten. Daß dies kein „modernes" Prinzip staatlicher Ordnung ist, sondern ein der alteuropäischen Ordnung zutiefst verbundenes, muß nachdrücklich betont werden.

Die Lösung der Religionsfrage traf nun nicht auf die geschlossene Ablehnung aller Stände; die katholischen erklärten sich zur Annahme bereit. Seinen wichtigsten evangelischen Gegnern, v.a. dem sächsischen Kurfürsten Moritz, konnte der Kaiser die Zusage zur Aufnahme in den Reichabschied abringen. Damit wurde das *Interim* am 30. Juni 1548 formelles Reichsrecht. Bis zur endgültigen Klärung der Religionsfrage durch ein Konzil regelte es *interimistisch*, also vorübergehend, die Bekenntnisfrage im Reich. Obwohl nicht als Sonderbestimmung für die Protestanten gedacht, sondern als Glaubensformel für beide Religionsparteien, entwickelte es sich dennoch zu einer solchen und wurde schon deshalb häufig als Diskriminierung abgelehnt. In seiner Grundaussage war die reichsgesetzliche Bekenntnisformel „reformkatholisch und enthielt die Zugeständnisse der Priesterehe und der Kelchkommunion" (Lutz, Einheit, S. 285). Im übrigen aber unterdrückte es alle weiteren theologischen und kirchenordnenden Prinzipien der Protestanten. Es war nicht verwunderlich, daß sich massiver Protest gegen seine Verwirklichung im Reich erhob – ein praktischer Widerstand im übrigen, der bis in die letzte protestantische Dorfgemeinde getragen wurde, da die große Mehrheit der evangelisch gesinnten Pfarrer die Bekenntnisformel ablehnte und häufig mit Unterstützung ihrer Gemeinden ebenso wie der weltlichen Obrigkeit dem Reichsgesetz offen zuwiderhandelte. Innerhalb des Protestantismus führte dies zu schweren Konflikten zwischen den kompromißbereiten Kräften um Melanchthon und den kompromißlosen Gegnern des kaiserlichen Zwanges. Es ist keineswegs übertrieben, wenn festgehalten wird, daß sich seit 1548 die Frage nach dem Recht des Widerstandes gegen unchristliche Obrigkeit mit besonderer Schärfe im *Luthertum* zu stellen begann!

3. Religionskompromiß im Reich: Augsburg 1555

Angesichts des spannungsreichen Reichstages von 1548, angesichts des die Spannungen im Reich noch weiter vertiefenden Interims, angesichts schließlich auch der „Fürstenrebellion" von 1552, die der protestantische Moritz v. Sachsen als Antwort auf die Ergebnisse des 1548er Reichstages mit dem jungen Landgrafen Wilhelm v. Hessen gegen den Kaiser zusammengebracht hatte, ist es fast unglaublich, daß es bereits 1555 gelang, einen alles umfassenden Kompromiß als Basis des Augsburger Reichsabschiedes zu vereinbaren. In erster Linie hatte natürlich die unerwartete Niederlage des Kaisers im Fürstenkrieg 1552 dazu beigetragen. Innerhalb von wenigen Wochen war aus dem siegreichen Oberhaupt des Reiches der Verhandlungspartner des sächsischen Kurfürsten im Passauer Vertrag (August 1552) geworden. Darüber hinaus gab der Rückzug des Kaisers aus der Deutschlandpolitik des Hauses Habsburg seinem Stellvertreterbruder König Ferdinand freie Hand, die Dinge in pragmatische Bahnen zu lenken. Darin traf er sich mit dem Führer der protestantischen Stände, dem sächsischen Kurfürsten August (1526–1586), der zwar nicht selbst in Augsburg war, aber die Verhandlungspositionen miteinander koordinierte. Nicht über die Inhalte eines religiösen Ausgleichs sollte gestritten werden, sondern über die äußeren Bedingungen eines konfliktfreien Umgangs der beiden Religionsparteien miteinander. Dabei wurde der konfessionelle status quo von 1552 zugrundegelegt, der im Rahmen der Landfriedensordnung ohne zeitliche Begrenzung festgeschrieben werden sollte. In gedrängten Verhandlungen gelang es tatsächlich bereits im September 1555, einen Reichsabschied zu formulieren.

Das wichtigste Ergebnis des Friedensschlusses war die im Reichsrecht festgeschriebene Anerkennung des evangelischen

Bekenntnisses und seiner Kirchenorganisation. Zwei Konfessionen standen seitdem unter dem Schutz des Landfriedens. Mit diesem Ergebnis von 1555 war der Abschluß der Reformation als Bewegung erreicht. Sein Kompromißcharakter zeigte sich in verschiedenen Aspekten. Zum ersten war der Friedensschluß kein Ende der Glaubenskämpfe. Diese wurden weitergeführt; der andere Wahrheiten ausschließende Absolutheitsanspruch beider Konfessionen verstärkte sich sogar noch in den Jahren nach 1555. Die Wege der Auseinandersetzungen aber sollten friedlicher Natur sein; der Rechtsweg blieb ausdrücklich offen. Deshalb wurde auch von einer „Justitialisierung der Glaubenskonflikte" gesprochen (Rabe, Jahrhundert, S. 455). Zum zweiten erstreckte sich der Frieden lediglich auf zwei Konfessionen: die Zwinglianer wurden ausdrücklich ausgeschlossen. Insofern war der Weg zur religiösen Neutralität weltlicher Herrschaft noch recht weit; begonnen hat ihre Säkularisierung für das Reich dennoch in Augsburg 1555. Das Recht der Bekenntniswahl zum dritten wurde nur den weltlichen Reichsständen, nicht den Individuen zugesichert. Der ausdrücklich aufgenommene Vorbehalt, wonach geistliche Reichsstände (also z.B. Bischöfe) nur zum Protestantismus übergehen konnten, wenn sie alle ihre geistlichen und weltlichen Herrschaftsrechte aufgäben, beschränkte faktisch die freie Bekenntniswahl. Nur in den konfessionell gemischten Reichsstädten blieb die Bikonfessionalität gewahrt. Jedem Einzelnen stand allerdings das Recht auf Auswanderung zu (beneficium emigrandi). Die Regelung, die politisch die weitreichendsten Folgen hatte, zum vierten, war das Recht der weltlichen Reichsstände zur Festlegung des Bekenntnisses auch für ihre Untertanen (ius reformandi). *Cuius regio eius religio*, so lautete die durch die Reichsjuristen geprägte Formel. Bemerkenswert ist vor allem, daß die auf Reichsebene durch den Religionsfrieden erreichte konfessionelle Gleichrangigkeit (Parität) auf der Ebene der Territorien geradezu verhindert wurde: hier galt die konfessionelle Geschlossenheit, deren Durchsetzung zu einem wesentlichen Teil der Politik der Herrschaftszentrierung wurde. Insofern hat der Augsburger Religionsfrieden dazu beigetragen, die mit und durch die Reformation intensivierte Diskussion um die Form der Herrschaft im Reich zu beenden: Weder das bündische Modell eines ständisch dominierten Reiches, noch das durch monarchische Herrschaftszentrierung beim Kaiser geprägte Modell setzte sich durch. Es waren die Territorien, die Landesherrschaften also, die den deutschen Weg in der Neuzeit prägten. Diese regionale Vielfalt blieb das Signum auch des deutschen Protestantismus.

VI. Aspekte und Wirkungen

Das *deutende Verstehen* historischer Entwicklungen ist, so definierte zumindest der Berliner Historiker Johann Gustav Droysen (1808–1884), die Aufgabe des Historikers. Daß damit stets dessen Zeitbindung zum Erkenntnis prägenden Faktum wird, ist eine Grundtatsache historiographischen Arbeitens, die nur durch ihre Reflexion, nicht durch Parteilichkeit zu bewältigen ist. Denn der Erkenntnishorizont jeder Generation führt zu stets neuen Nuancen des vermeintlich vollständig rekonstruierbaren historischen Prozesses. Diese in einem produktiven Sinne historistische Einsicht hat der Reformationshistoriker Thomas A. Brady in der eingangs zitierten Bemerkung zusammengefaßt. Max Weber hatte sie schon in den zwanziger Jahren unseres Jahrhunderts mit dem Satz beschrieben, daß der Historiker aus dem Chaos der Geschichte stets das aussuchen müsse, was ihm aus dem Blickwinkel seiner Zeit als kulturbedeutsam erscheine. Für den Reformationshistoriker sind diese Überlegungen eine wichtige Bestätigung angesichts des zunächst eher entmutigenden Befundes einer Fülle von ausgeprägt zeitgebundenen Deutungen der Reformation. Auch ihre nur knappe Skizzierung vermag einen Eindruck davon zu vermitteln, welche Bedeutungen und damit Wirkungen der Reformation in den verschiedenen Zeitphasen zugemessen wurden.

1. Reformation als geschichtswissenschaftlicher Epochenbegriff

Mit Beginn einer sogenannten „wissenschaftlichen“ Geschichtsschreibung hat zuerst *Leopold v. Ranke*, der Berliner Historiker, auf die Bedeutung der Wechselwirkung zwischen politischer und religiöser Entwicklung im 16. Jahrhundert verwiesen und sie als Charakteristikum einer eigenständigen Epoche der Geschichte, der Reformationszeit (1517–1555) nämlich, eingesetzt. In seiner „Deutschen Geschichte im

Zeitalter der Reformation“ (1839 bzw. 1847 erschienen) charakterisierte er die Reformation erstmals auch als nationales Ereignis, als prägend für die *deutsche* Geschichte. Die Spannung zwischen Reich und Territorien, in die die Reformation eingebunden und durch die sie geprägt war, wurde für Ranke zu einer zentralen Verständnisachse, die für ihn, den liberalen Zeitgenossen, erklärende Kraft auch für das Verständnis seiner Gegenwart hatte. Das Wesen der von Luther ausgelösten reformatorischen Bewegung lag darin, daß sie den nationalen Kern zum Bewußtsein brachte, der die Deutschen jenseits von äußerer Einflußnahme (Papst und Kaiser) und territorialer Kleinstaaterei zusammenzuführen vermochte. Daß dies im 16. Jahrhundert nicht gelang, war nicht zuletzt auf jene äußeren Kräfte, aber auch auf die innere Zerrissenheit der deutschen Landschaften zurückzuführen.

Rankes Blick konzentrierte sich, und das ist in der Forschung der letzten Jahre immer wieder als Kritik an seinen Arbeiten formuliert worden, fast ausschließlich auf die großen Mächte und die großen Personen, in diesem Falle auf Luther. Konsequenterweise verengte das den Blick. Andere Persönlichkeiten, vor allem andere reformatorische Bewegungen, wurden bei Ranke zu wenig oder gar nicht zur Kenntnis genommen.

Bereits eine Generation später änderte sich mit dem Bonner Historiker *Friedrich v. Bezold* die Blickrichtung. Auch für ihn blieb die Reformation eine zentrale Epoche der deutschen Geschichte. Ihr Charakter aber wurde geformt durch soziale, wirtschaftliche und geistige Umbrüche bzw. Neuorientierungen. Seine 1890 erschienene Darstellung war die des Nationalliberalen, der im Sinne des Kulturprotestantismus den besonderen Wert der protestantisch geeinten und geprägten Gesellschaft des Kaiserreichs hervorhob, zugleich aber auch die Unverzichtbarkeit von sozialer und wirtschaftlicher Integration, deren Fehlen für das Jahrhundert der Reformation nachteilig gewirkt habe.

Es war nicht Friedrich v. Bezolds Reformationsgeschichtsschreibung allein, die im Kaiserreich Gültigkeit hatte. Wiederum unter starker Akzentuierung der Bedeutung der Reformation für die Herausbildung des modernen Staates, worin ihr epochenprägender Charakter zu finden sei, setzten sich zwei führende Vertreter ihres Faches mit dem 16. Jahrhundert und mit Luther auseinander: der Berliner Professor *Max Lenz* (1850–1932) und der Freiburger Professor *Erich Marcks* (1861–1938). In ausdrücklicher Absetzung von Heinrich v. *Treitschke* (1834–1896), der in seiner Luthergedenkrede von 1883 vor dem Hintergrund des Kulturkampfes die Reformation bewußt als nationale Befreiungstat dargestellt hatte, betonten beide die Notwendigkeit der Unparteilichkeit historischer Forschung. Dazu beriefen sie sich auf Ranke – die von ihnen getragene Richtung innerhalb der historischen Forschung wird deshalb als Rankerenaissance bezeichnet. Anders aber auch als Ranke betrachteten sie nicht mehr die „religiöse Verankerung der leitenden Tendenzen und Ideen eines Zeitalters" (vom Bruch, Biographie, S. 232) als Deutungskategorie historischen Forschens, sondern die Entwicklung des *nationalen Staates* aus der Spannung zwischen Macht- und Kulturstaat. Für beide blieb darin, trotz des gegenteiligen Anspruches, die Einbindung in die zeitgenössische Erfahrung des Kulturkampfes zutiefst prägend. Max Lenz, dem Verfasser einer äußerst populären Lutherbiographie (1. Auflage 1883, zweite Auflage 1887) ging es darum, den protestantischen Wesenszug des Kaiserreichs im öffentlichen Bewußtsein so fest wie irgend möglich zu verankern, um die in seinen Augen die nationale Einheit bedrohende innenpolitische Strömung des Ultramontanismus (Romfreundlichkeit im Katholizismus) zu bannen. Unter diesem Blickwinkel erkannte Lenz für das 16. und das 19. Jahrhundert eine auffallende Ähnlichkeit der Entwicklungen; die Reformation erhielt einen legitimen Gegenwartsbezug.

Die Bewertung der Reformation als Epochenzäsur, als Beginn der Neuzeit oder der Moderne hat sich bis in die Gegenwart erhalten. Differenzierter wird allerdings seit den Arbeiten der Historiker Josef Engel, Ernst Walter Zeeden und Erich Hassinger (1907–1992) die Epoche als ganze betrachtet. So bewirkte die Diskussion um den Nutzen der Begriffe Gegenreformation oder katholische Reform bzw. katholische Erneuerung eine Vertiefung des Wissens um die engen Zusammenhänge zwischen reformatorischem Wandel und der Reform der alten Kirche beginnend mit dem Konzil zu Trient. Die Diskussion über die Neuartigkeit der Reformation als epochenbegründend ist allerdings auch heute noch nicht abgeschlossen.

2. Die Reformation in der protestantischen kirchengeschichtlichen Deutung

Die Vorstellung, daß die Reformation das Mittelalter und damit die Autoritätsgläubigkeit des Einzelnen überwunden habe, so daß sich seitdem der Aufbruch in die Neuzeit zielgerichtet vollziehen könne, hat das Selbstverständnis der protestantischen Kirchengeschichtsschreibung sehr lange geprägt. Im Kaiserreich verband sich damit auch die Hoffnung auf Überwindung der Krise der Frömmigkeit, wie sie der Kulturprotestantismus in allerdings sehr viel differenzierterer Form als hier in aller Kürze formulierbar, vorgetragen hat. Auffallend dabei ist, daß die Forschung alle historischen Phänomene unter diesem Blickwinkel der Zukunftsträchtigkeit, der Neuzeitfähigkeit betrachtet hat; die sozialen oder auch politischen Dimensionen der reformatorischen Lehren interessierten kaum. Viel häufiger wurde nach der Bedeutung der Reformation für die Gegenwart gefragt, dies natürlich vor allem unter theologischen Aspekten.

Scharfe Kritik an dieser Sichtweise kam zu Beginn des 20. Jahrhunderts aus den eigenen Reihen, durch den Berliner Religionshistoriker und -soziologen *Ernst Troeltsch* (1865–1923). Anders als die bis dahin dominante Forschung befaßte er sich intensiv auch mit den reformatorischen Bewegungen als sozialen Erscheinungen; dazu gehörte nicht zuletzt die Bearbeitung der sogenannten Außenseiter (Täufer, Spiritualisten). Aus diesen verschiedenen Wurzeln entstand, so Troeltsch, die Reformation. Sie war eingebunden in die spätmittelalterliche Autoritätskultur, die „auf dem Glauben an eine absolute und unmittelbare göttliche Offenbarung [...] in der Erlösungs- und Erziehungsanstalt der Kirche beruht" (Troeltsch, Bedeutung, S. 9). Die spätmittelalterliche Einheitskultur wird durch die Reformation aufgelöst, in einem modernen Sinne weitergeführt durch den Calvinismus, da nur er die Merkmale der Entkoppelung von Staat und Kirche, von Religion und Politik in der Anerkennung von Gewissens- und Glaubensfreiheit auch für das Individuum aufweisen kann. Das Luthertum aber, wie auch der vom Tridentinum geprägte Katholizismus, blieben der autoritären Einheitskultur des Mittelalters dadurch verbunden, daß sie, wenn auch nur für einen begrenzten Wirkraum, die Verzahnung von Religion und Politik, von Staat und Kirche erneuerten. Damit widersetzten sie sich der Entwicklung zur modernen Welt, die Troeltsch mit der Entwicklung hin zur europäisch-amerikanischen Kultur gleichsetzte, und gingen einen eigenen, im Falle des Luthertums spezifisch deutschen Weg. Die deutsche Moderne begann deshalb erst mit dem Einsetzen der aufklärerischen Forderungen nach Gewissensfreiheit, die im Ergebnis auf die endgültige Trennung von Religion und Politik zielte. Was für die Reformation insgesamt galt, traf, so Troeltsch, erst recht auf Luther zu. Mit seinen politischen Ordnungsvorstellungen war er dem spätmittelalterlichen patriarchalisch-ständischen Denken zutiefst verhaftet. Das war auf Luthers „weltindifferente" Ethik zurückzuführen, „die vom einzelnen Christen nur den Glauben und die unmittelbare Nächstenliebe forderte, die Dinge der Welt aber ihren eigenen Gesetzen, d.h. einem rein positivistisch verstandenen Naturrecht der Macht überläßt" (Bornkamm, Spiegel, S. 108). Dadurch entstand bei Luther eine doppelte Moral, die den Gegensatz von politischem Handeln und privatem Glauben in den einzelnen Christen hineinverlegte: im politischen Amt mußte er anders handeln als im privaten Leben.

Daß diese Deutung bei den protestantischen Zeitgenossen von Troeltsch auf vehemente Kritik stieß, leuchtet ein, wurde doch damit die kirchengeschichtliche Interpretation der Reformation als Beginn der protestantischen Moderne grundsätzlich in Frage gestellt. Mit seiner Reformations- und Lutherdeutung ging es Troeltsch nicht mehr um den Nachweis der Legitimität der nationalen Einheit des Kaiserreichs. Ihm ging es vielmehr um eine Erneuerung des zeitgenössischen Protestantismus im Sinne einer Erneuerung seiner frömmigkeitsbezogenen und gemeindechristlichen Wurzeln. Die aber lagen nicht im lutherischen Altprotestantismus.

Ablehnung kam nicht nur, wie angesichts der auch für Troeltsch nachweisbaren zeitgenössischen Interessenrichtung zu erwarten wäre, von seiten der konservativen Protestanten in Gestalt des Berliner Theologen *Reinhold Seeberg* (1859–1935), sondern auch von seiten der liberalen Protestanten, für die der Berliner Theologieprofessor *Karl Holl* (1866–1926) die Auseinandersetzung aufnahm. Und damit begann eine kirchengeschichtliche Neuorientierung, die als Lutherrenaissance bezeichnet wird. Holls Weg zur Beschäftigung mit der Reformation und mit Luther war nicht gradlinig gewesen. Die Auseinandersetzung begann erst mit seiner Berufung nach Berlin 1906, wo er in mehreren Vorlesungen und in einer Gedenkrede zum Lutherjahr 1917 (veröffentlicht 1921) seine Überlegungen präsentierte. Holl untersuchte nicht nur die große Gestalt des Reformators, er wandte sich auch den reformatorischen Bewegungen zu unter dem methodischen Postulat, daß diese und Luther selbst nur unter den eigenen zeitgenössischen Bedingungen analysiert werden dürften. Dies war für die kirchengeschichtliche Forschung durchaus ein neuer Zugang, aber er war auch Ursache für einen strikt auf kirchengeschichtlich-theologische Dimensionen konzentrierten Reformationsbegriff, wie er die theologische Reformationsforschung seitdem lange geformt hat. Holls Abgrenzung von Troeltsch geschah über zwei Linien. Zum ersten betonte er den neuartigen Charakter nicht nur der Frömmigkeit des Reformators, sondern der reformatorischen Bewegung, wodurch beide dem Mittelalter enthoben waren. Zum zweiten betonte er die Einheit der reformatorischen Ethik, die auf dem Liebesgebot beruhe und die Welt zu durchdringen versuche.

Damit führte er einen nachdenkenswerten Angriff auf den Troeltschen Vorwurf von der „doppelten Moral“ in der lutherischen Reformation. Denn sowohl das individuelle Handeln des Christen als auch sein Wirken in die Welt fänden ihre Begründung im Liebesgebot Gottes: die Zerreißung von Amts- und Individualmoral existiere nicht als Kern lutherischer Theologie, sondern sei höchstens eine Fehldeutung der Interpreten.

Trotz des Reformationsbegriffes bei Holl, der sich stark auf Luther konzentrierte, fand eine Rückkehr zur nationalen Einbindung des Reformationsgedächtnisses im Sinne von Treitschke oder auch der Historiker der Rankerenaissance nicht statt. Zwar betonte Holl wie fast alle Zeitgenossen, daß das Luthertum für das deutsche Staatswesen integrierende Kraft besitze. In der ihm eigenen Sittlichkeit liege die Kraft, die Staat und Gesellschaft zusammenbinden könnten. Diese Kraft beruhte aber auch für Holl in der gemeindezentrierten volkskirchlichen Tradition, die Luther mit seinem reformatorischen Aufbruch begründet habe. Holl argumentierte damit ausdrücklich gegen jene Auffassungen, die die politische Ordnung des lutherischen Protestantismus stets mit der Obrigkeitskirche gleichsetzten.

Die protestantische Kirchengeschichtsschreibung der Zwischenkriegszeit hat an diesen Positionen keine wesentlichen Änderungen vorgenommen. Die intensive Einzelforschung konnte den Gebrauch des Reformationsbegriffes vertiefen. Eine Lösung von der lutherzentrischen Arbeit hin zur Epochendiskussion, die die Profanhistoriker beschäftigte und durch die auch andere Dimensionen historischer Realität Berücksichtigung fanden, setzte erst nach dem Zweiten Weltkrieg ein. Forschungsprägend war hier gewiß die Studie des Göttinger Reformationshistorikers Bernd Moeller über „Reichsstadt und Reformation“ aus dem Jahre 1962. Die konsequente Einbindung des reformatorischen Geschehens in die verfassungs- und sozialgeschichtliche Realität der Reichsstädte zu Beginn des 16. Jahrhunderts löste das personenbezogene Interesse auf und weitete den kirchengeschichtlichen Reformationsbegriff. Kritik auch an dieser Position gab es hinreichend. Gewiß kann das Bild von der Stadt als dem „corpus christianum im kleinen" mit Hilfe der spannungsreichen Realität der Städte der beginnenden Neuzeit wirklichkeitsnäher gezeichnet werden, wie dies die Ansätze u.a. der angelsächsischen Reformationsgeschichtsschreibung vorstellten, die mit dem Begriff vom städtischen Sozialkörper als Konfliktgemeinschaft ein Gegenmodell formulierten (Thomas A. Brady, Bob Scribner u.a.). Die Affinität von genossenschaftlicher Verfaßtheit und gemeindechristlichem Aufbruch in der Reformation bleibt in ihrer die Erkenntnis erweiternden Bedeutung davon unberührt. Aber auch andere Positionen, die die theologische Reformationsgeschichtsschreibung vor einer nachgeordneten Bedeutung im Vergleich zur sozialen und politischen Deutung der Reformation bewahren wollen, wurden seitdem vorgetragen. Prägnant hat sie Heiko A. Oberman zusammengefaßt: „Plakativ zusammengefaßt wird jeweils das Geschehen der Reformation mit einem anderen sola gekoppelt, einem jeweils wechselnden Postulat nachgeordnet: Ohne Reich und Fürsten keine Reformation. Ohne soziale Krise keine Reformation. Ohne Stadt keine Reformation. Selbstverständlich muß dem entgegen wieder Grundverständnis werden: Ohne Reformatoren keine Reformation." (Oberman, Reformation, S. 21)

3. Die katholische Sicht der Reformation

Die Erforschung der Reformation aus der Sicht des Katholizismus ist fast ausschließlich eine Domäne der kirchengeschichtlichen Forschung geblieben. Erst in den letzten Jahrzehnten hat sich hier einiges verändert. Der protestantischen Forschung vergleichbar konzentrierte man sich intensiv auf die Person Martin Luthers, dessen Bild durch die zeitgenössischen Verzerrungen der Lutherkommentare des Johann Cochlaeus (1479–1552) fast bis zur Unkenntlichkeit getrübt war. Erschwert wurde eine gerechtere Bewertung der Reformation und des Reformators auch dadurch, daß die meisten Laien ebenso wie die wissenschaftlich arbeitenden Historiker in der Frage der staatlichen Organisation Deutschlands nach dem Krieg gegen Frankreich 1871 der großdeutschen Lösung zuneigten. Die kleindeutsche Lösung wurde sowohl zu einer staatlichen Begrenzung als auch zu einer konfessionellen Ausgrenzung durch die Protestanten. Die Katholiken standen diesem Staat reserviert gegenüber; das änderte sich in der Kulturkampfatmosphäre der ersten Jahrzehnte des Reiches nicht. Die Forschungen zur Geschichte der Reformation sind ein getreues Abbild dieser Spannungen. Zum katholischen Historiker der Reformation wurde *Johannes Janssen* (1829–1891), Theologe und Historiker in Frankfurt/M., der mit seiner achtbändigen Geschichte des deutschen Volkes (seit 1876 erschienen) eine vielgelesene Darstellung auch des Übergangs vom Mittelalter zur Neuzeit gab, die die Reformation in ihren ausschließlich negativen Folgen charakterisierte. Der Niedergang des Reichs wurde beschleunigt, der Aufstieg der Territorien ebenfalls und die spätmittelalterliche geistig-kulturelle Blüte wurde durch die spaltende und zerstörerische Wirkung der Reformation beendet. Janssens Darstellung traf auf erbitterten Protest der protestantischen Reformationsgeschichtsforschung. Darüber wurden seine methodisch interessanten Ansätze zur Berücksichtigung frömmigkeits- und sozialgeschichtlicher Überlieferung vollständig verkannt. Auch die Bewertung der Folgen der Reformation, die für Janssen als Teilung der deutschen kirchlichen Kultur erschien und Möglichkeiten der Entwicklung verzögerte, sieht die Forschung heute gerechter als diejenige am Ende des 19. Jahrhunderts. Die polemische Bewertung der Reformation als scharf zu verurteilende Revolution endete erst seit den dreißiger Jahren des 20. Jahrhunderts mit den Arbeiten des Theologieprofessors *Hubert Jedin* (1900–1980) und seines Kollegen *Joseph Lortz* (1887–1975). Luthers Anliegen wurde vor allem als ein geistliches anerkannt, das im Kern dem ursprünglich katholischen Gottesverständnis entsprochen habe. Von der personalisierten Betrachtung der Bedeutung der Reformation hat sich die neuere katholische Geschichtsschreibung erst in den letzten Jahren gelöst. Insbesondere die Bewertung der sogenannten

Gegenreformation als Zeitalter der katholischen Reform und in ihrer Wirkung der protestantischen Reform gleichzusetzenden historischen Erscheinung (Wolfgang Reinhard) haben zu einer Neuorientierung der katholischen Reformationsgeschichtsforschung erheblich beigetragen.

4. Marxistische Interpretation: Die Reformation als „frühbürgerliche Revolution"

Das Deutungsmuster von der „Reformation als frühbürgerlicher Revolution" hat die europäische und nordamerikanische Reformationsforschung der letzten Jahrzehnte des 20. Jahrhunderts beständig in Bewegung gehalten. Die Fülle der durch die marxistische Herausforderung entstandenen Einzelforschungen hat den Kenntnisstand zur sozialen, wirtschaftlichen und theologischen Fundierung der Reformation erheblich gesteigert. Die Diskussion verschiedener Phasenmodelle, die im Laufe der Differenzierung des Konzeptes vorgelegt wurden (z.B. Volksreformation contra Fürstenreformation), haben den Blick für den Wandel von Trägergruppen und die unterschiedliche Rezeptionsintensität des theologischen Anliegens geschärft. Ein großer Ertrag ist zweifelsohne vorhanden, wobei nicht vergessen werden sollte, daß das Konzept der frühbürgerlichen Revolution Teil des universalistischen Geschichtsverständnisses des Historischen Materialismus ist, der sich als Weltanschauung versteht und deshalb nur eine begrenzte Diskussionsfähigkeit aufzubringen bereit ist. Sein Erkenntnisprinzip ist Parteilichkeit, eine Kategorie, die einem pluralistischen Wissenschaftsverständnis fremd ist. Für den heutigen Betrachter des Deutungsmusters wird immer klarer, daß es eine bemerkenswerte Zeitbindung der verschiedenen Varianten des Konzeptes gab, so daß die sich zunächst als innerwissenschaftliche Differenzierung darstellende Diskussion unter den beteiligten Historikern als Anpassungsleistung an bestimmte Sachzwänge erkennbar ist, die durch die politischen Vorgaben innerhalb der DDR-Geschichtswissenschaft geschaffen worden waren.

Den Ausgangspunkt zur Bewertung von Reformation und Bauernkrieg als Element der weltgeschichtlichen Phase des Übergangs vom Feudalismus zum Kapitalismus, die sich in krisenhaften Zuspitzungen äußerte, finden wir bei den „Klassikern" des historischen Materialismus, Karl Marx (1818–1883) und Friedrich Engels. Insbesondere die Arbeit von Engels zum Bauernkrieg, die 1850 erschien, prägte das marxistische Bild von Luther und der Reformation über die folgenden hundert Jahre hinweg. Beide betrachteten die deutsche Geschichte insgesamt als eine „fortlaufende Misere" (Brinks, DDR-Geschichtswissenschaft, S. 31). Bauernkrieg und Reformation gehörten in ihrem Scheitern in diese Linie hinein. Luther wurde als Ursache für das Mißlingen identifiziert und entsprechend negativ beurteilt. In seinem Buch von 1850 teilte Engels die Gesellschaft des 16. Jahrhunderts in drei Gruppen ein – eine Differenzierung, die im wesentlichen bis heute aufrecht erhalten wird. Eine konservativ-historische Gruppe, die alles Bestehende bewahren wollte, wurde von einer bürgerlich gemäßigten Gruppe unterschieden, zu der diejenigen gehörten, die sich von einer gemäßigten Reform in Reich und Kirche Nutzen versprachen. Die „Bauern" und „Plebejer", wie Engels sie nannte, schlossen sich zur dritten Gruppe, zur revolutionären Partei zusammen, deren Forderungen am klarsten durch Thomas Müntzer artikuliert wurden. Die erste Phase der Reformation beurteilte Engels positiv, denn mit der Übersetzung der Bibel habe Luther z. B. den „Plebejern" ein „mächtiges Werkzeug in die Hand gegeben" (ebd., S. 33/34). Das Gesamturteil über den Wittenberger aber war vernichtend: Luther sei im Laufe der Reformation ein „Fürstendiener", ein „Tellerlecker der absoluten Monarchie" und ein „Verräter" an den Bauern geworden (ebd., S. 34).

In späteren Äußerungen von Engels deutet sich das Formationskonzept des historischen Materialismus an: die Reformation als bürgerlich-theologische Revolution sei in ihrer ersten Phase positiv zu bewerten, weil sie die Kraft des Feudalismus zu zersetzen begonnen und damit den Übergang zur nächsten Gesellschaftsformation, zum Kapitalismus eingeleitet habe. Mit diesen sehr groben Strichen sind die Grundthemen auch der marxistischen Reformations- und Lutherdeutung angeschlagen, die sich nach dem Zweiten Weltkrieg insbesondere in der damaligen DDR entfaltet haben, da in den übrigen sozialistischen Ländern die Reformation historisch keine nennenswerte Rolle spielte. Aus der nunmehr möglichen Gesamtschau auf vierzig Jahre sozialistischer Staatlichkeit und der mit ihr verbundenen Geschichtswissenschaft wird deutlich: Die Reformationsdeutungen und die Luthermemoria sind ein fast makelloser Spiegel des sich wandelnden Verhältnisses der politischen Führung der DDR zu Begriff und Phänomen der deutschen Nation. Auch das Konzept der frühbürgerlichen Revolution ist Ergebnis der Zeitbindung der beteiligten Historiker.

Die drei Phasen, die sich für die Entwicklung dieses Deutungsmusters grob unterscheiden lassen, sind den jeweils veränderten Bedingungen staatlich-nationaler Identitätssuche zuzuordnen. Das hieß für die erste, die antifaschistisch-demokratische Phase, daß das Bild, das Engels entworfen hatte, unveränderte Gültigkeit besaß. Die zweite Phase, die als Wendung zur nationalen Geschichtsbetrachtung charakterisiert werden kann, führte für die Reformations- und Lutherforschung zu Veränderungen: Die unter Luthers Assistenz vollzogene „Fürstenreformation“ wurde der unter der Leitung von Thomas Müntzer stehenden „Volksreformation“ gegenübergestellt. Das schroffe Gegeneinander fand sein Ende mit der These, daß die Einheit von Reformation und Bauernkrieg die „frühbürgerliche Revolution“ begründet habe, die als Aufbruch der noch nicht ganz ausgereiften, deshalb „frühbürgerlichen“ Kräfte (z.B. in den Städten, im Bergbau) existiert habe, aber *nur* in Deutschland. Diese Sichtweise war eine deutliche Veränderung gegenüber der ersten Phase. Sie betonte die nationale deutsche Komponente und ordnete Luthers reformatorische Handlungen in einen als positiv bewerteten Traditionszusammenhang ein. Der subjektiven Tat eines Einzelnen wurde eine objektiv fortschrittliche Konsequenz zugeordnet. Die dritte Phase begann um 1970, die Zeit also, in der sich in der Politik der Abgrenzung der DDR die „Nation neuen Typs" durchsetzte. Für die Historiker bedeutete dies eine Veränderung ihres Verhältnisses zur Nationalgeschichte mit Konsequenzen auch für das Bild von der Reformation und von Martin Luther. Reformation und Bauernkrieg blieben in ihrer engen Verbindung zwar spezifisch deutsche Erscheinungen; ihre Wirkung auf den Calvinismus und damit auf die europäische Geschichte aber sei nicht zu leugnen, die frühbürgerliche Revolution verliere ihren nationalen Charakter und werde zu einer welthistorischen Etappe, die zudem keineswegs sogleich wieder gescheitert sei (Vogler, Marx). In dieser Linie erhielt auch Luther eine neuerlich positive Bewertung.

5. Struktur- und kulturgeschichtliche Deutungen seit den beginnenden achtziger Jahren des 20. Jahrhunderts

Die starke Ausrichtung der internationalen Forschung zur Reformation auf deren soziale und wirtschaftliche Aspekte führte dazu, daß in den achtziger Jahren des 20. Jahrhunderts noch einmal andere Schwerpunkte in den Vordergrund gerückt wurden. In einer vollständig säkularisierten Gesellschaft wissen Reformationshistoriker noch am ehesten, welche Sprengkraft religiöse Bewegungen haben können, und sie wissen auch, daß deren Motive nicht immer und schlicht auf soziale und wirtschaftliche Interessenkonflikte zurückgeführt werden können. Auch und gerade die intensive Diskussion mit den marxistischen Historikern, die bis 1989 institutionalisiert war, zeigte die Grenzen des Interessen-funktionalen Interpretationsmodelles auf. Es mehren sich deshalb solche Arbeiten, die die mentalen Seiten entweder von Beteiligten oder von Abläufen des reformatorischen Geschehens untersuchen, wobei deren Einbindung in die soziale Verfaßtheit der sich wandelnden Gesellschaft zu den schwierigsten Forschungsaufgaben gehört.

Diese Forschungsrichtung wurde eingangs unter Hinweis auf die Traditionen der zwanziger Jahre des vorigen Jahrhunderts als Erforschung der „Kultur der Reformation" bezeichnet. Zu den darin angesprochenen Werthaltungen oder Denkformen gehören z.B. auch die in unserer Darstellung so ernst genommenen genossenschaftlichen Formen politischer Herrschaftsübung. Daß diese Werthaltungen in der Reformation gewirkt haben, durch sie gestärkt wurden, ist offensichtlich. Die Vermittlung mit der reformatorischen Theologie ist häufig bis in alle Verästelungen schwer zu belegen; um so wichtiger ist die enge Kooperation mit der kirchengeschichtlichen Erforschung der Reformation. Obermans Votum von der Reformation, die nicht ohne Reformatoren, und das heißt ja doch nicht ohne deren Theologie, stattfindet, muß sehr ernst genommen werden.

Die Kirchenhistoriker selbst haben diesen Wandel bereits eingeleitet. In einem kleinen Streitgespräch zwischen Bernd Moeller, dem Erlanger Kirchenhistoriker Berndt Hamm und der Tübinger Kirchenhistorikerin Dorothea Wendebourg geht es um die zentrale Frage nach dem theologischen Kern, der die Reformation „im Innersten" zusammenhält. Für Wendebourg entsteht dieser erst aus der Sicht der Nachgeborenen, insbesondere der altgläubigen Theologen. Für Hamm und Moeller ist es die Theologie der Rechtfertigungslehre, die von Hamm als systemsprengend und insofern im Kern reformatorisch charakterisiert wird. Wie unterschiedlich selbst in der Frühzeit der Reformation die theologischen Spielarten gewesen sein mögen, bleibe dahingestellt. Entscheidend ist, *daß* es diese theologische Sinngebung in der frühen Reformation gegeben hat. Alle Wirkungen, die sich daraus für menschliches Handeln entwickelten, müssen auf dieses einigende Prinzip zurückbezogen werden.

Diesen Zusammenhang nimmt auch Peter Blickle für sein Deutungsmuster der „Revolution des Gemeinen Mannes" in Anspruch, dessen Inhalt die Verlagerung der politischen Kompetenz vom Adel auf die Kommunen sei, weshalb der Vorgang auch als Kommunalisierung gedeutet werden könne. Das behauptet Blickle nun ausdrücklich als eine gemeinsame Entwicklung für Stadt und Land und charakterisiert sie als eine deutsche Tradition auf dem Wege in den modernen Parlamentarismus. Diese Deutung wird kontrovers diskutiert. Denn einerseits wird bestritten, daß es eine alteuropäische Vorform des Parlamentarismus überhaupt gegeben habe, so daß auch der Kommunalismus nur in seiner zeitbegrenzten Wirksamkeit zu verstehen sei. Zum anderen wird die Existenz eines in Stadt und Land parallel wirksamen, im Kern identischen kommunalen Prinzips bestritten. Dies geschieht vor allem von seiten der Stadtgeschichtsforschung (u.a. H. Schilling), die die Eigenständigkeit städtischer Verfaßtheit sowie die Notwendigkeit der regionalen Differenzierung betont. Der Hinweis auf die unterschiedlichen Strukturen von Herrschaft, die es nicht zulassen, von einer gemeinsamen politischen Kultur ländlicher und städtischer Gemeinden zu sprechen, erscheint plausibel. Zu prüfen bleibt die Relevanz des Gemeindegedankens in konkreten Konfliktsituationen in Stadt oder Land. Denn es erscheint zunächst noch nicht ausgeschlossen, daß die dörflichen wie die städtischen Werthaltungen, die unter dem Begriff „Gemeinde" zunächst noch sehr allgemein subsumiert werden, sich in der Konfrontation als ähnliche artikulieren. Zudem wird zur Zeit noch von einer geschlossenen Haltung, sei es im Dorf, sei es in der Stadt, gesprochen. Auch das ist unter der Voraussetzung zu prüfen, daß Einheit erst durch die Existenz des Gegensätzlichen geprägt ist! Ein ernstzunehmender Beleg dafür ist die Gleichzeitigkeit von Obrigkeitskritik und Herrschaftszentrierung. Sie blieb eine Konstante nicht nur in Stadt *und* Land, sondern auch in den sich voneinander abgrenzenden konfessionellen Kulturen. Zum Verständnis der politischen Kultur der Reformation reicht es deshalb nicht aus, nur eine Seite zu betrachten. Zudem muß die Perspektive der Analyse fixiert werden; denn auch diese darf sich nicht darin erschöpfen, stets nur das als historisch relevant zu betrachten, was im Lichte der Ergebnisse dominant wurde.

In Fortsetzung der oben erwähnten Diskussion der Theologen darüber, was die Reformation im Kern ausmache, ist in den letzten Jahren vor allem unter den Profanhistorikern eine intensive Debatte darüber entstanden, ob es nicht besser sei, statt vom reformatorischen Umbruch von einem langfristigen kulturellen Wandel zu sprechen; dieser umfaßt, so die Argumentation (B. Jussen/C. Koslofsky) weiter, die Zeitspanne zwischen 1400 und 1600. Ein im Sinne von Hamm und Moeller theologisch begründeter Systembruch, der auch aus der Sicht der Profanhistoriker als radikaler Wandel von Normen charakterisiert werden könnte, wird in dieser Perspektive ausgeschlossen.

Bei aller Unterschiedlichkeit der inhaltlichen Argumentation verbindet sich diese Debatte fast nahtlos mit jener über die Legitimität einer Epochengrenze zwischen Spätmittelalter und Früher Neuzeit. Angesichts der vielfältigen Kontinuitäten sollte nicht von einer eigenen Epoche Frühe Neuzeit beginnend mit der Reformation gesprochen werden, sondern von „Alteuropa". Damit ist die Zeitspanne zwischen 1300 und 1800 gemeint, die Autoren des 21. Jahrhunderts (u.a. H. Schilling) knüpfen dabei an die Argumente derjenigen des frühen 20. Jahrhunderts an (E. Troeltsch und D. Gerhard).

In seinem Überblick zur Erforschung der Reformation hat O. Mörke diese unterschiedlichen Ansätze zwar beschrieben, eine abschließende Antwort zur Epochendebatte kann auch er nicht geben. Erneut bestätigt sich die Einsicht, daß es die Zeitgenossenschaft der Historiker ist, die zur Veränderung von Deutungsmustern der Vergangenheit führt. Deren Abfolge ist in letzter Zeit deutlich schneller geworden; der Konstruktionscharakter von Epochen wird auch deshalb immer rascher sichtbar.

Als ebenfalls gewichtig erwies sich in den letzten Jahren die europäische Perspektive des reformatorischen Geschehens. Das zeigt sich einerseits in einer konsequenten Parallelität der Erforschung der Wirkungen aller drei Reformatoren; es zeigt sich andererseits in der damit ermöglichten Umkehrung der theologiepolitischen Logik: Nicht erst in der calvinistischen Widerstandsdebatte zeigte sich die neuerliche Verzahnung von Politik und Religion, sondern bereits in der Debatte über die Legitimität der Notwehr gegenüber einem unchristlichen

Kaiser, die seit den dreißiger Jahren des 16. Jahrhunderts im Alten Reich geführt wurde. Mit dieser Beachtung des europäischen Horizontes werden auch solche Fragen zum Thema der Reformationsgeschichtsschreibung, die nicht nur die Parallelität der langfristigen Verfestigung von Konfessionen bedenkt, sondern gerade auch die Bewahrung des Traditionalen beschreibt; dazu gehört nicht zuletzt die prononcierte These von der katholisierenden Frömmigkeitspraxis des jungen Luthertums (U. Rublack).

6. Christianisierung statt Konfessionalisierung – und immer wieder Luther. Neue Deutungsmuster vor 2017

Im Vorfeld des 500-jährigen Reformationsjubiläums werden manche Deutungen der Reformation publiziert, für die die dominanten Interpretationen des ausgehenden 20. Jahrhunderts bereits selbst zu Traditionen geworden sind. Bemerkenswert ist, daß die These von der modernisierenden Verfestigung der Reformation, die als Konfessionalisierung in die Lehrbücher eingegangen ist, in der Forschung der letzten Jahre stark diskutiert wurde. Die Darstellung des nordamerikanischen Kirchenhistorikers S. Hendrix hat ihren Blick bewußt nicht in die Moderne gerichtet, sondern die Absicht der Reformatoren betont, das Anliegen der urchristlichen Gemeinden wieder zu beleben und das hieß reformatio als Wiederherstellung des als gut befundenen Alten. In diesem Sinne beschreibt Hendrix das reformatorische Anliegen als Christianisierung, als „recultivating the vineyard“ (so der Titel des Buches von 2004). Luther selbst habe diesen Bezug betont, einen Bruch nicht gewollt. Daß mit diesem Blick auf das Neue im Alten auch andere Theologen etwas anfangen können, zeigen die Arbeiten von Th. Kaufmann (u.a. Biographie zu Luther 2010). In der Tradition der Göttinger Kirchengeschichtsschreibung kommt es ihm darauf an, das Neuartige der reformatorischen Bewegung festzuhalten; die Zeitgenossen haben diesen Bruch vermutlich weniger stark erlebt als die unmittelbar nachfolgenden Generationen. Auch der Altmeister der nordamerikanischen

Reformationsgeschichtsschreibung Th. Brady hält in seiner neuesten Überblicksdarstellung (German Histories 2009) an dieser Deutung fest; für ihn bleiben die frühe Reformation und der Bauernkrieg eine Rebellion, eine Revolution des gemeinen Mannes. Daß dieses Changieren der Deutung zwischen Umbruch und Kontinuität das Ergebnis der je zeitgebundenen Blickrichtungen auf die Reformation und die Reformatoren ist, ist für die Historiker, die sich mit der Geschichte der eigenen Wissenschaft befassen, unbestritten. Erweist sich damit nun aber gleich die ganze Reformation, der ganze Luther als Konstrukt aller nachfolgenden Generationen? Diese zunächst irritierende These der Biographie Luthers durch V. Leppin (2010) ist aber nichts anderes als eine methodisch saubere Feststellung, von der aus neue Fragestellungen aus der Perspektive der erneuten Zeitgenossen formuliert werden können. Wie groß inzwischen die Vielfalt der Bilder von Luther und von der Reformation ist, wird im 100. Band des Archivs für Reformationsgeschichte (2009) skizziert. Der Band zeigt ausdrücklich nicht, wie es eigentlich gewesen ist, sondern wie es immer wieder neu gedeutet werden wird.

VII. Statt einer Zusammenfassung: Gab es „die" Reformation?

Am Ende einer raschen Reise durch die Reformation als historischem Ereignis und Objekt wissenschaftlicher Deutung ist der Sinn der Frage plausibel. Denn es ist ja auch ein Ergebnis dieses Büchleins, deutlich gemacht zu haben, daß ihre Zeitbindung die Ergebnisse geschichtswissenschaftlicher Forschung seit den Anfängen bei Leopold v. Ranke bis in die parteibestimmte Forschung zur Reformation als frühbürgerlicher Revolution ständig relativiert. Wir stoßen damit auf ein allgemeines geschichtswissenschaftliches Problem, das eine endgültige Lösung nicht hat, dem aber durch genaue Gegenstandsbeschreibung seine Schärfe genommen werden kann.

1. „Reformatio" war für die Zeitgenossen Rückkehr zum bewährten Alten, Wiederentdeckung evangelischer Glaubensgewißheiten, also keine Revolution im neuzeitlichen Sinn. Aber auch dieser Wandel konnte radikale Umkehr verlangen, allerdings in solche Richtungen, die aus der Erfahrung vergangener Generationen als gut befunden worden waren.
2. Die Übergänge vom Spätmittelalter zur Frühen Neuzeit sind durch die Ergebnisse der Forschung, so wie sie hier berichtet wurden, sehr fließend geworden. Die Behauptung, daß Luther am Anfang der Moderne stehe, ist wohl immer weniger überzeugend, zumindest wenn es nur bei dieser Charakterisierung bleibt. Denn was heißt aus der heutigen Sicht der Geschichtswissenschaft schon „Moderne"? Die Epochenzäsur ist in der Tat eine Komponente, die durch die Nachgeborenen zur Bewertung der Vergangenheit „gestiftet" wurde. Die Eigenart der Kontinuitäten ist allerdings noch unbestimmt, die Forschung muß hier ansetzen.
3. Die Kirchenhistoriker sprechen, wir haben es skizziert, vom reformatorischen Systembruch, der sich in Luthers Rechtfertigungslehre geäußert habe. Ihre Wirkkraft war offensichtlich so groß, daß trotz der den Zeitgenossen bewah-

renswert erscheinenden Traditionen das Neue das Wichtige war. Und diese Verbindung ist entscheidend: Wenn die reformatorische Theologie nur in Gemeinsamkeit mit der erneuerten Tradition gemeindlicher Ordnung ihre ungestörte Entfaltung finden konnte, dann liegt darin der Kern der Reformation.

4. Auch für die Zeitgenossen des 20. Jahrhunderts, die das Recht in Anspruch nehmen, die reformatorische Bewegung aus der Perspektive des Ergebnisses zu betrachten, löst sich die Reformation also nicht einfach auf. Was sich auflöst und verändert, sind die Deutungsmuster für das Vergangene.

Bibliographische Übersicht

Die Übersicht enthält diejenigen Titel, die im Text unter Angabe des Kurztitels und der Jahreszahl genannt werden. Darüber hinaus werden einige Quelleneditionen aufgeführt. Sie sind in alphabetischer Reihenfolge der Titel gegliedert. Angesichts der Fülle der vorliegenden Literatur wurde weitestgehend darauf verzichtet, Zeitschriftenartikel und Beiträge in Sammelbänden aufzunehmen. Der Schwerpunkt liegt auf Monographien, die nach 1980 erschienen sind. In einem Nachtrag ist die Literatur ab 1996 ergänzt. Die Übersicht enthält nur deutsch- und englischsprachige Titel.

1. Quellen

Acta Reformationis catholicae Ecclesiam Germaniae concernantia saeculi XVI. Die Reformationsverhandlungen des deutschen Episkopats von 1520 bis 1570, hg. v. G. Pfeilschifter, 6 Bde., Regensburg 1959/74.

Die *Bekenntnisschriften* der evangelisch-lutherischen Kirche, 8. Aufl. Göttingen 1979.

Deutsche Reichstagsakten, mittlere Reihe, hg. v. der Historischen Kommission bei der Bayerischen Akademie der Wissenschaften, Göttingen 1972 ff.

Deutsche Reichstagsakten, jüngere Reihe. *Deutsche Reichstagsakten unter Kaiser Karl* V., hg. v. der Historischen Kommission bei der Bayerischen Akademie der Wissenschaften, 7. Bd., hg. v. J. Kühn, Gotha 1935, Nachdruck 1963; 8. Bd., hg. v. W. Steglich, Göttingen 1970/71.

Dokumente zur Causa Lutheri (1517–21), hg. v. P. Fabisch u. E. Iserloh, München 1988.

Flugschriften der frühen *Reformationsbewegung*, 2 Bde., hg. v. A. Laube, A. Schneider u. S. Looß, Berlin (DDR) 1983.

Flugschriften gegen die Reformation (1518–1524), hg. v. Adolf Laube unter Mitarb. v. Ulman Weiss, Berlin 1997.

Flugschriften gegen die Reformation (1525–1530), hg. v. Adolf Laube unter Mitarb. v. Ulman Weiss, Berlin 2000.

Flugschriften vom *Bauernkrieg* zum Täuferreich (1526–1535), 2 Bde., hg. v. A. Laube, A. Schneider u. U. Weiß, Berlin 1992.

Die *Kirche* im Zeitalter der *Reformation*, ausgewählt u. kommentiert v. H. A. Oberman [= Kirchen- und Theologiegeschichte in Quellen, 3], 4. Aufl. Neukirchen – Vluny 1994.

Laube, Adolf (Hg.), Flugschriften gegen die Reformation (1518–1524), Berlin 1997.

Laube, Adolf (Hg.), Flugschriften gegen die Reformation (1525–1530), 2 Bde., Berlin 2000.

Martin Luther, Werke. Kritische Gesamtausgabe, 115 Bde. in 4 Reihen, Weimar 1883/1970.

Philipp *Melanchthon*, Glaube und Bildung: Texte zum christlichen Humanismus (lateinisch/deutsch). Ausgew., übers. u. hrsg. v. Günther R. Schmidt, Nachdruck Stuttgart 1989.

Melanchthons Briefwechsel, Kritische und kommentierte Gesamtausgabe, hg. v. H. Scheible, bisher 2 Bde. [Regesten 1514–1539], Stuttgart/Bad Cannstadt 1977/78.

Thomas *Müntzer*, Schriften und Briefe. Kritische Gesamtausgabe, hg. v. G. Franz unter Mitarb. v. P. Kirn [= Quellen und Forschungen zur Reformationsgeschichte, 33], Gütersloh 1968.

Die evangelischen *Kirchenordnungen* des 16. Jahrhunderts, hg. v. E. Sehling, bisher 13 Bde., Leipzig/Tübingen 1920 ff.
Quellen zur Geschichte des Bauernkrieges (1524/25), hg. v. G. Franz, [= Freiherr vom Stein Gedächtnisausgabe, 2], Darmstadt 1963.
Quellen zur Reformation 1517–1555, hg. v. R. Kastner, [= Freiherr vom Stein Gedächtnisausgabe, 16], Darmstadt 1994.
Die *Reformation* in Augenzeugenberichten, hg. v. H. Junghans, Düsseldorf 1967.

2. Literatur

2.1. Gesamtdarstellungen

Bezold, Friedrich von, Geschichte der deutschen Reformation, Berlin 1890.
Blickle, Peter, Die Reformation im Reich, 3. Aufl. Stuttgart 2000.
Boockmann, Hartmut (Hg.), Kirche und Gesellschaft im Heiligen Römischen Reich des 15. und 16. Jahrhunderts [= Abhandlungen der Akademie der Wissenschaften in Göttingen, Philologisch-Historische Klasse; Folge 3, Nr. 206], Göttingen 1994.
Brady, Thomas A. (Hg.), Die deutsche Reformation zwischen Spätmittelalter und Früher Neuzeit [= Schriften des Historischen Kollegs. Kolloquien, 50], München 2001.
Brady, Thomas A., German Histories in the Age of Reformations 1400–1650, Cambridge University Press 2009.
Brady, Thomas A., Turning Swiss: Cities and Empire, 1450–1550, Cambridge 1981.
Brady, Thomas A., Zwischen Gott und Mammon. Protestantische Politik und deutsche Reformation, Berlin 1996.
Burkhardt, Johannes, Das Reformationsjahrhundert: deutsche Geschichte zwischen Medienrevolution und Institutionenbildung 1517–1617, Stuttgart 2002.
Cameron, Euan, The European Reformation, Oxford 1991.
Carl, Horst, Der Schwäbische Bund 1488–1534: Landfrieden und Genossenschaft im Übergang vom Spätmittelalter zur Reformation, Leinfelder-Echterdingen 2000.
Decot, Rolf, Kleine Geschichte der Reformation in Deutschland, Freiburg i. Br. 2005.
Deutsche Geschichte in Quellen und Darstellungen, hg. v. Rainer A. Müller, 3. Bd.: *Reformationszeit*: 1495–1555, Stuttgart 2001.
Dickens, Arthur G., The German Nation and Martin Luther, London 1974. Reprint London 1976.
Elton, Geoffrey R., Europa im Zeitalter der Reformation: 1517–1559, 2. Aufl. München 1982
Goertz, Hans-Jürgen, Pfaffenhaß und groß Geschrei. Die reformatorische Bewegung in Deutschland 1517–1529, München 1987.
Greengrass, Mark, The European Reformation, c. 1500–1618, London 1998.
Haug-Moritz, Gabriele, Der Schmalkaldische Bund 1530–1541/42. Eine Studie zu den genossenschaftlichen Strukturelementen der politischen Ordnung des Heiligen Römischen Reiches Deutscher Nation, Leinfelden-Echterdingen 2002.
Hendrix, Scott H., Recultivating the Vineyard. The Reformation Agendas of Christianization, Louisville/London 2004.
Hillerbrand, Hans Joachim (Hg.), The Oxford Encyclopedia of the Reformation, 4 Bde., New York/London 1996.
Hillerbrand, Hans Joachim (Hg.), Historical Dictionary of the Reformation and Counter-Reformation, Lanham 2000.

Iserloh, Erwin, Geschichte und Theologie der Reformation im Grundriß, 4. Aufl. Paderborn 1998.

Iserloh, Erwin/*Müller*, Gerhard (Hgg.), Luther und die politische Welt. Wissenschaftliches Symposium in Worms vom 27. bis 29. Oktober 1983 [= Historische Forschungen, 9], Stuttgart 1984.

Johnston, Pamela/*Scribner*, Bob, The Reformation in Germany and Switzerland [= Cambridge Topics in History], Cambridge usw. 1993.

Koenigsberger, Helmut G./*Mosse*, George L./*Bowler*, G. Q., Europe in the Sixteenth Century, 2. Aufl. London 1989

Lotz-Heumann, Ute/*Ehrenpreis*, Stefan (Hg.), Reformation und konfessionelles Zeitalter, Darmstadt 2003.

Lutz, Heinrich, Reformation und Gegenreformation [= Oldenbourg Grundriß der Geschichte, 10], 4. Aufl., durchgesehen und ergänzt von A. Kohler, München/Wien 1997.

Lutz, Heinrich, Das Ringen um deutsche Einheit und kirchliche Erneuerung. Von Maximilian I. bis zum Westfälischen Frieden 1490–1648, Berlin/Frankfurt a. M. 1987.

McGrath, Alister E., Reformation Thought. An Introduction, 2. Ausg. Oxford/Cambridge, Mass. 1993.

Moeller, Bernd, Deutschland im Zeitalter der Reformation [= Deutsche Geschichte, 4], 4., durchgesehene und bibliographisch erneuerte Aufl. Göttingen 1999.

Mörke, Olaf, Die Reformation: Voraussetzungen und Durchsetzung, München 2005.

Oberman, Heiko A., Die Reformation: von Wittenberg nach Genf, Göttingen 1986.

Oberman, Heiko A., Zeit Reformationen: Luther und Calvin. Alte und Neue Welt, Berlin 2003.

Oestreich, Gerhard, Geist und Gestalt des frühmodernen Staates, Berlin 1969.

Pettegree, Andrew (Hg.), The Reformation World, London 2002.

Po-Chia Hsia, Ronnie (Hg.), A Companion to the Reformation World, Malden 2004.

Po-Chia Hsia, Ronnie (Hg.), The German People and the Reformation, Ithaca/London 1988.

Po-Chia Hsia, Ronnie, The World of Catholic Renewal 1540–1770, 2 ed. Cambridge 2005.

Rabe, Horst, Deutsche Geschichte 1500–1600. Das Jahrhundert der Glaubensspaltung, München 1991.

Ranke, Leopold von, Deutsche Geschichte im Zeitalter der Reformation, Erstausg. 1839/47, Neudruck Köln 1956.

Reinhard, Wolfgang, Probleme deutscher Geschichte 1495–1806. Reichsreform und Reformation 1495–1555 [= Gebhardt, Handbuch der deutschen Geschichte, Bd. 9], 10., völlig überarb. Aufl. Stuttgart 2001.

Rublack, Ulinka, Die Reformation in Europa, Frankfurt/Main 2003.

Schilling, Heinz, Aufbruch und Krise. Deutschland 1517–1648, Berlin 1988.

Schilling, Heinz, Ausgewählte Abhandlungen zur europäischen Reformations- und Konfessionsgeschichte [= Historische Forschungen, 75], Berlin 2002.

Schnabel-Schüle, Helga, Die Reformation 1495–1555. Politik mit Theologie und Religion, Ditzingen 2006.

Schorn-Schütte, Luise, Geschichte Europas in der Frühen Neuzeit. Studienhandbuch 1500–1789, Paderborn 2009.

Schulze, Winfried, Deutsche Geschichte im 16. Jahrhundert 1500–1618, Frankfurt a. M. 1987.

Scribner, Bob/*Porter*, Roy/*Teich*, Mikulas, The Reformation in National Context, Cambridge 1994.

Spitz, Lewis W., The Protestant Reformation, 1517–1559, New York 1985.

Steinmetz, Max, Deutschland von 1476 bis 1648. Von der frühbürgerlichen Revolution bis zum Westfälischen Frieden [= Lehrbuch der deutschen Geschichte, Beiträge 3], 2. Aufl. Berlin (DDR) 1978.

Troeltsch, Ernst, Die Bedeutung des Protestantismus für die Entstehung der modernen Welt, München/Berlin 1906.

Troeltsch, Ernst, Die Soziallehren der christlichen Kirchen und Gruppen, [= Gesammelte Schriften Bd. 1], Tübingen 1912.

Wallace, Peter G., The long European Reformation: Religion, Political Conflict and the Search for Conformity 1350–1750, Basingstoke u. a. 2004.

Wohlfeil, Rainer, Einführung in die Geschichte der deutschen Reformation, München 1982.

Zeeden, Ernst Walter, Konfessionsbildung. Studien zur Reformation, Gegenreformation und katholischen Reform, Stuttgart 1985.

2.2. Biographien der Reformatoren – Kataloge – Sammelbände

Bainton, Roland H., Erasmus. Reformer zwischen den Fronten, Göttingen 1972

Bartel, Horst/*Brendler*, Gerhard/*Hübner*, Hans/*Laube*, Adolf, Martin Luther. Leistung und Erbe, Berlin (DDR) 1986.

Beutel, Albrecht (Hg.), Luther-Handbuch, Tübingen 2005.

Brecht, Martin, Martin Luther, 3 Bde., Stuttgart 1981/87.

Brendler, Gerhard, Martin Luther. Theologie und Revolution, Berlin (DDR) 1983.

Brendler, Gerhard, Thomas Müntzer. Geist und Faust, Berlin (DDR) 1989.

Febvre, Lucien, Martin Luther. Herausgegeben, neu übersetzt und mit einem Nachwort von P. Schöttler, Frankfurt a. M./New York 1996.

Gäbler, Ulrich, Huldrych Zwingli. Eine Einführung in sein Leben und Werk, München 1983.

Genthe, Hans Jochen, Martin Luther, sein Leben und sein Denken, Göttingen 1996.

Goertz, Hans-Jürgen, Thomas Müntzer. Mystiker, Apokalyptiker, Revolutionär, München 1989.

Grane, Leif, Reformationsstudien: Beiträge zu Luther und zur dänischen Reformation, hg. v. Rolf Decot [= Veröffentlichungen des Instituts für Europäische Geschichte Mainz, 49; Abt. Abendländ. Religionsgeschichte], Mainz 1999.

Gräter, Carlheinz, Ulrich von Hutten. Ein Lebensbild, Stuttgart 1988.

Greschat, Martin, Martin Bucer. Ein Reformator und seine Zeit 1491–1551, München 1990.

Hillerbrand, Hans J. (Hg.), The Encyclopedia of Protestantism, 4 Bde., New York 2003.

Holl, Karl, Gesammelte Aufsätze zur Kirchengeschichte I. Luther, 1. Aufl. Tübingen 1921.

Kaufmann, Thomas, Martin Luther, 2. Aufl., München 2010.

Kaufmann, Thomas, Reformatoren, Göttingen 1998.

Kittelson, James M., Luther, the Reformer. The Story of the Man and his Career, Minneapolis 1986, brit. Ausg. Oxford 1989.

Kunst, Hermann, Evangelischer Glaube und politische Verantwortung. Martin Luther als politischer Berater seiner Landesherren und seine Teilnahme an den Fragen des öffentlichen Lebens, Stuttgart 1976.

Leben und Werk Martin Luthers von 1526 bis 1546: Festgabe zu seinem 500. Geburtstag, hg. v. H. Junghans, 2 Bde., Göttingen 1983.

Lenz, Max, Von Luther zu Bismarck [= Kleine Historische Schriften, 2], München/ Berlin 1922.

Leppin, Volker, Martin Luther, 2. Aufl., Darmstadt 2010.

Lienhard, Marc, Martin Luther, Genf 1991.

Lohse, Bernhard, Martin Luther. Eine Einführung in sein Leben und sein Werk, 3., vollständig überarbeitete Aufl. München 1997.

Looß, H. (Hg.), „Gott kumm mir zu Hilf!“. Martin Luther in der Zeitenwende, Berlin 1985.

Martin *Luther* und die Reformation in Deutschland. Ausstellung zum 500. Geburtstag Martin Luthers. Vorträge zur Ausstellung im Germanischen Nationalmuseum, 1983. Hg. v. K. Löcher [= Schriften des Vereins für Reformationsgeschichte, 194], Frankfurt a. M. 1983.

Mullett, Michael A., Martin Luther, London 2004.

Press, Volker/*Stievermann*, Dieter (Hgg.), Martin Luther. Probleme seiner Zeit [= Spätmittelalter und Frühe Neuzeit, 16], Stuttgart 1986.

Ritter, Gerhard, Luther. Gestalt und Tat, Erstausg. 1925/28, Neudruck Stuttgart 1983.

Scheible, Heinz, Melanchthon. Eine Biographie, München 1997.

Schwarz, Reinhard, Luther [= Die Kirche in ihrer Geschichte III/1], Göttingen 1986.

Treitschke, Heinrich von, Luther und die deutsche Nation, in: Historische und politische Aufsätze, 4. Bd., Leipzig 1897.

Vogler, Günter, Thomas Müntzer, Berlin (DDR) 1989.

2.3. Einzelfragen und Schwerpunkte der Forschung

2.3.1. Reformation und Öffentlichkeit

Beyer, Franz-Heinrich, Eigenart und Wirkung des reformatorisch-polemischen Flugblatts im Zusammenhang der Publizistik der Reformationszeit [= Mikrokosmos, 39], Frankfurt a. M. u. a. 1994.

Beyer, Michael/*Wartenberg*, Günther (Hgg.), Humanismus und Wittenberger Reformation. Festgabe anläßlich des 500. Geburtstages des Praeceptor Germaniae, Philipp Melanchthon, am 16. 2. 1997, Helmar Junghans gewidmet, unter Mitwirkung v. Hans-Peter Hasse, Leipzig 1996.

Dingel, Irene/*Wartenberg*, Günther (Hgg.), Die Theologische Fakultät Wittenberg 1502 bis 1602. Beiträge zur 500. Wiederkehr des Gründungsjahres der Leucorea [= Leucorea-Studien zur Geschichte der Reformation und der lutherischen Orthodoxie, 5], Leipzig 2002.

Flugschriften der Reformationszeit: Colloquium im Erfurter Augustinerkloster 1999, hg. v. Ulman Weiss, Tübingen 2001.

Moeller, Bernd/*Stackmann*, Karl (Hgg.), Städtische Predigt in der Frühzeit der Reformation. Eine Untersuchung deutscher Flugschriften der Jahre 1522 bis 1529 [= Abhandlungen der Akademie der Wissenschaften in Göttingen, Philologisch-Historische Klasse, 3. Folge, Nr. 220], Göttingen 1996.

Scribner, Robert W., For the Sake of the Simple Folk: Popular Propaganda for the German Reformation [= Cambridge Studies in Oral and Literature, 2], Cambridge 1981.

Wartenberg, Günther, Wittenberger Reformation und territoriale Politik. Gesammelte Aufsätze [= Arbeiten zur Kirchen- und Theologiegeschichte, 11], Leipzig 2003.

2.3.2. Reichsverfassung und Reformation

Gotthard, Axel, Der Augsburger Religionsfrieden, Münster 2004.

Kohnle, Armin, Reichstag und Reformation. Kaiserliche und ständische Religionspolitik von den Anfängen der *Causa Lutheri* bis zum Nürnberger Religionsfrieden [= Quellen und Forschungen zur Reformationsgeschichte, 72], Göttingen 2001.

Moraw, Peter, Von offener Verfassung zu gestalteter Verdichtung. Das Reich im späten Mittelalter 1250–1490, Frankfurt a. M. 1989.

Neuhaus, Helmut, Das Reich in der Frühen Neuzeit [= Enzyklopädie Deutscher Geschichte, 42], München 1997.

Reinhard, Wolfgang (Hg.), Bekenntnis und Geschichte. Die Confessio Augustana im historischen Zusammenhang, München 1981.

Schmidt, Georg, Der Städtetag in der Reichsverfassung. Eine Untersuchung zur korporativen Politik der Freien und Reichsstädte in der ersten Hälfte des 16. Jahrhunderts [= Veröffentlichungen des Instituts für Europäische Geschichte, 113], Wiesbaden 1984.

Schmidt, Heinrich Richard, Reichsstädte, Reich und Reformation. Korporative Reichspolitik 1521–1529/30 [= Veröffentlichungen des Instituts für Europäische Geschichte Mainz, 122], Wiesbaden 1986.

Schulze, Manfred, Fürsten und Reformation. Geistliche Reformpolitik weltlicher Fürsten vor der Reformation [= Spätmittelalter und Reformation, Neue Reihe 2], Tübingen 1991.

Skalweit, Stephan, Reich und Reformation, Berlin 1967.

2.3.3. Die Zwinglische Reformation

Blickle, Peter/*Lindt*, Andreas/*Schindler*, Alfred (Hgg.), Zwingli und Europa. Referate und Protokolle des Internationalen Kongresses aus Anlaß des 500. Geburtstages von Huldrych Zwingli, Zürich 1985.

Locher, Gottfried W., Die Zwinglische Reformation im Rahmen der europäischen Kirchengeschichte, Göttingen/Zürich 1979.

Murdock, Graeme, Beyond Calvin: the Intellectual, Political and Cultural World of Europe's Reformed Churches 1540–1620, Basingstoke 2004.

Schindler, Alfred/*Stickelberger*, Hans (Hgg.), Die Zürcher Reformation: Ausstrahlungen und Rückwirkungen. Wissenschaftliche Tagung zum hundertjährigen Bestehen des Zwinglivereins (29. Oktober bis 2. November 1997 in Zürich) [= Zürcher Beiträge zur Reformationsgeschichte, 18], Bern, Berlin, Brüssel usw. 2001.

2.3.4. Die Täufer

Goertz, Hans-Jürgen, Die Täufer. Geschichte und Deutung, 2. Aufl. München 1988.

Goertz, Hans-Jürgen, Religiöse Bewegungen in der Frühen Neuzeit [= Enzyklopädie Deutscher Geschichte, 20], München 1993.

Klötzer, Ralf, Die Täuferherrschaft von Münster. Stadtreformation und Welterneuerung [= Reformationsgeschichtliche Studien und Texte, 131], Münster 1992.

Packull, Werner O./*Dipple*, G. L. (Hgg.), Radical Reformation Studies. Essays presented to James M. Stayer, Aldershot 1999.

Seebass, Gottfried, Die Reformation und ihre Außenseiter: Gesammelte Aufsätze und Vorträge. Zum 60. Geburtstag des Autors hg. v. Irene Dingel u. a., Göttingen 1997.

Tanneberger, Hans-Georg, Die Vorstellung der Täufer von der Rechtfertigung des Menschen, Stuttgart 1999.

2.3.5. *Bauernkrieg und Reformation*

Bensing, Manfred/*Hoyer*, Siegfried, Der deutsche Bauernkrieg 1524–1525, Berlin (DDR) 1982.

Blickle, Peter, Der Bauernkrieg. Die Revolution des Gemeinen Mannes, München 1998.

Buszello, Horst/*Blickle*, Peter/*Endres*, Rudolf (Hgg.), Der deutsche Bauernkrieg, 3., bibliographisch ergänzte Aufl. Paderborn/München/Wien/Zürich 1995.

Engels, Friedrich, Der deutsche Bauernkrieg, 11. Aufl. Berlin (DDR) 1974.

Foschepoth, Josef, Reformation und Bauernkrieg im Geschichtsbild der DDR. Zur Methodologie eines gewandelten Geschichtsverständnisses [= Historische Forschungen, 10], Berlin 1976.

2.3.6. *Kommunalismus und Gemeindereformation*

Blickle, Peter, Gemeindereformation. Die Menschen des 16. Jahrhunderts auf dem Weg zum Heil [= Studienausgabe], München 1987.

Blickle, Peter, Kommunalismus: Skizzen einer gesellschaftlichen Organisationsform. 2 Bde., München 2000.

Blickle, Peter (Hg.), Zugänge zur bäuerlichen Reformation [= Bauer und Reformation, 1], Zürich 1987.

Blickle, Peter/*Kunisch*, Johannes (Hgg.), Kommunalisierung und Christianisierung. Voraussetzungen und Folgen der Reformation 1400–1600 [= Zeitschrift für Historische Forschung, Beiheft 9], Berlin 1989.

Kümin, Beat (Hg.), Landgemeinde und Kirche im Zeitalter der Konfession, Zürich 2004.

Schmidt, Heinrich Richard/*Holenstein*, Alois/*Würgler*, Andreas (Hgg.), Gemeinde, Reformation und Widerstand. Festschrift für Peter Blickle zum 60. Geburtstag, Tübingen 1998.

2.3.7. *Stadt und Reformation*

Brady, Thomas A., Communities, politics, and reformation in early modern Europe [= Studies in medieval and reformation thought, 68], Leiden usw. 1998.

Edwards, Mark U., jr./*Midelfort*, H. C. Erik (Hgg.), Imperial Cities and the Reformation: Three Essays, Philadelphia 1972.

Hamm, Berndt, Bürgertum und Glaube. Konturen der städtischen Reformation, Göttingen 1996.

Moeller, Bernd, Reichsstadt und Reformation. Bearbeitete Neuausgabe, Berlin 1987 (Erstausgabe 1962).

Mörke, Olaf, Rat und Bürger. Soziale Gruppen und kirchlicher Wandel in den welfischen Hansestädten Lüneburg, Braunschweig und Göttingen [= Veröffentlichungen des Instituts für Historische Landesforschung der Universität Göttingen, 19], Hildesheim 1983.

Mommsen, Wolfgang J. (Hg.), Stadtbürgertum und Adel in der Reformation. Studien zur Sozialgeschichte der Reformation in England und Deutschland [= Veröffentlichungen des Deutschen Historischen Instituts London, 5], Stuttgart 1979.

Ozment, Steven E., The Reformation in the Cities. The Appeal of Protestantism to Sixteenth-Century Germany and Switzerland, New Haven/ London 1975.

Schilling, Heinz, Die Stadt in der Frühen Neuzeit [= Enzyklopädie Deutscher Geschichte, 24], München 1993.

Siebenhundert Jahre Wittenberg. Stadt – Universität – Reformation, hg. v. Stefan Oehmig, Weimar 1995.

2.3.8. *Protestantisches Dogma, Obrigkeitsverständnis und Theologie*

Edwards, Mark U., jr., Luthers Last Battles: Politics and Polemics, 1531–1546, Ithaca 1983.

Gäumann, Andreas, Reich Christi und Obrigkeit. Eine Studie zum reformatorischen Denken und Handeln Martin Bucers [= Zürcher Beiträge zur Reformationsgeschichte, 20], Bern/Berlin/Brüssel usw. 2001.

Immenkötter, Herbert/*Wenz*, Gunther, Im Schatten der *Confessio Augustana*. Die Religionsverhandlungen des Augsburger Reichstages 1530 im historischen Kontext [= Reformationsgeschichtliche Studien und Texte, 136], Münster 1997.

Kruse, Jens-Martin, Universitätstheologie und Kirchenreform: die Anfänge der Reformation in Wittenberg 1516–1522 [= Veröffentlichungen des Instituts für Europäische Geschichte Mainz, 187; Abt. f. Abendländ. Religionsgeschichte], Mainz 2002.

Lohse, Bernhard, Luthers Theologie in ihrer historischen Entwicklung und ihrem systematischen Zusammenhang, Göttingen 1995.

Pesch, Otto Hermann/*Peters*, Albrecht, Einführung in die Lehre von Gnade und Rechtfertigung, 3. Aufl. Darmstadt 1994.

Rosin, Robert, Reformers, the preacher, and scepticism: Luther, Brenz, Melanchthon, and Ecclesiastes [= Veröffentlichungen des Instituts für Europäische Geschichte Mainz, 171: Abt. abendländische Religionsgeschichte], Mainz 1997.

Sommer, Wolfgang, Politik, Theologie und Frömmigkeit im Luthertum der Frühen Neuzeit [= Forschungen zur Kirchen- und Dogmengeschichte, 74], Göttingen 1999.

Vogler, Günter (Hg.), Wegscheiden der Reformation: alternatives Denken vom 16. bis zum 18. Jahrhundert, Weimar 1994.

Wolf, Gunther (Hg.), Luther und die Obrigkeit [= Wege der Forschung, 85], Darmstadt 1972.

2.3.9. *Einzelfragen – Klerus und Anti-Klerikalismus, Recht, Mentalität, Familie, „Haus"*

Blickle, Peter/*Holenstein*, André/*Schmidt*, Heinrich Richard/*Sladeczek*, Franz-Josef (Hgg.), Macht und Ohnmacht der Bilder. Reformatorischer Bildersturm im Kontext der europäischen Geschichte, München/Wien 2002.

Bräuer, Siegfried, Spottgedichte, Träume und Polemik in den frühen Jahren der Reformation: Abhandlungen und Aufsätze, hg. v. Hans-Jürgen Goertz u. Eike Wolgast. Mit einem Lebensbild von Elmar Junghans, Leipzig 2000.

Conrad, Anne (Hg.), In Christo ist weder man noch weyb. Frauen in der Zeit der Reformation und katholischen Reform, Münster 1999.

Delumeau, Jean, Angst im Abendland. Die Geschichte kollektiver Ängste im Europa des 14. bis 18. Jahrhundert, 2 Bde., Übersetzung aus dem Französischen, Reinbek 1985.

Dixon, C. Scott, The Reformation and rural society. The parishes of Brandenburg-Ansbach-Kulmbach, 1528–1603, Cambridge 1996.

Dupeux, Cécile/*Jezler*, P./*Wirth*, J. (Hgg.), Bildersturm. Wahnsinn oder Gottes Wille? Katalog zur Ausstellung des Bernischen Historischen Museums, Zürich 2000.

Dykema, Peter A./*Oberman*, Heiko A. (Hgg.), Anticlericalism in Late Medieval and Early Modern Europe [= Studies in Medieval and Reformation Thought, 51], Leiden 1993.

Jussen, Bernhard/*Koslofsky*, Craig M. (Hgg.), Kulturelle Reformation. Sinnformationen im Umbruch 1400–1600, Göttingen 1999.

Moeller, Bernd/*Buckwalter*, Stephen E. (Hgg.), Die frühe Reformation in Deutschland als Umbruch [= Schriften des Vereins für Reformationsgeschichte, 199], Gütersloh 1998.

Oberman, Heiko A., Wurzeln des Antisemitismus. Christenangst und Judenplage im Zeitalter von Humanismus und Reformation, 2. Aufl. Berlin 1983

Oexle, Otto G., Die Kultur der Rebellion. Schwureinung und Verschwörung im früh- und hochmittelalterlichen Okzident, in: Marie Th. Fögen (Hg.), Ordnung und Aufruhr im Mittelalter, Frankfurt a. M. 1995, S. 119–137.

Ozment, Steven E., When Fathers Ruled: Family Life in Reformation Europe, Cambridge, Mass. 1983.

Recht und Reformation. Festschrift für Horst Rabe. Hg. v. Christine Roll unter Mitarbeit v. B. Braun u. H. Stratenwerth, Frankfurt a. M./Berlin/Bern/ New York/ Paris/Wien 1996.

Roper, Lyndal, Das fromme Haus. Frauen und Moral in der Reformation, Übersetzung aus dem Englischen, Frankfurt a. M./New York 1995.

Schnitzler, Norbert, Ikonoklasmus – Bildersturm. Theologischer Bilderstreit und ikonoklastisches Handeln während des 15. und 16. Jahrhunderts, München 1996.

Schorn-Schütte, Luise, Evangelische Geistlichkeit in der Frühneuzeit [= Quellen und Forschungen zur Reformationsgeschichte, 62], Gütersloh 1996.

2.3.10. Das Konzil von Trient

Bäumer, Remigius (Hg.), Concilium Tridentinum [= Wege der Forschung, 313], Darmstadt 1979.

Brockmann, Thomas, Die Konzilsfrage in den Flug- und Streitschriften des deutschen Sprachraumes 1518–1563 [= Schriftenreihe der Historischen Kommission bei der Bayerischen Akademie der Wissenschaften, 57], Göttingen 1996.

Jedin, Hubert, Geschichte des Konzils von Trient, 4 Bde., 1.–3. Aufl. Freiburg i. Br. 1949/78.

2.3.11. Zum Begriff der „Reformation" in der Wissenschaftsgeschichte

Archiv für Reformationsgeschichte, Aufsatzband, Jahrgang 100/2009 (Jubiläumsband zum 100. Jahrgang), Gütersloh 2009.

Bornkamm, Heinrich, Luther im Spiegel der deutschen Geistesgeschichte: mit ausgewählten Texten von Lessing bis zur Gegenwart, 2., neu bearb. u. erw. Aufl. Göttingen 1970.

Brinks, Jan Herman, Die DDR-Geschichtswissenschaft auf dem Weg zur deutschen Einheit. Luther, Friedrich II. und Bismarck als Paradigmen politischen Wandels [= Campus, Forschung, 685], Frankfurt a. M. u. a. 1992.

vom Bruch, Rüdiger, Max Lenz, in: Neue Deutsche Biographie, 14. Bd., 1985, S. 232.

Ehrenpreis, Stefan/*Lotz-Heumann*, Ute, Reformation und konfessionelles Zeitalter [= Kontroversen um die Geschichte], Darmstadt 2002.

Guggisberg, Hans R./*Krodel*, Gottfried (Hgg.), Die Reformation in Deutschland und Europa: Interpretationen und Debatten [= Schriften des Vereins für Reformationsgeschichte. Sonderband], Gütersloh 1993.

Hamm, Berndt/*Moeller*, Bernd/*Wendebourg*, Dorothea (Hgg.), Reformationstheorien. Ein kirchenhistorischer Disput über Einheit und Vielfalt der Reformation, Göttingen 1995.

Kaufmann, Thomas, Das Ende der Reformation: Magdeburgs „Herrgotts Kanzlei" (1548–1551/2), Tübingen 2003.

Laube, Stefan/*Fix*, Karl-Heinz (Hgg.), Lutherinszenierung und Reformationserinnerung, Leipzig 2003.

Moeller, Bernd, Luther-Rezeption: kirchenhistorische Aufsätze zur Reformationsgeschichte, hg. v. Johannes Schilling, Göttingen 2001.
Reinhard, Wolfgang, Gegenreformation als Modernisierung? Prolegomena zu einer Theorie des konfessionellen Zeitalters, in: Archiv für Reformationsgeschichte, 68 (1977), S. 226–252.
Steinmetz, Max (Hg.), Die frühbürgerliche Reformation in Deutschland, Berlin (DDR) 1985.
Vogler, Günter, Marx, Engels und die Konzeption einer frühbürgerlichen Revolution in Deutschland, in: Zeitschrift für Geschichtswissenschaft 17 (1969), S. 704–717.
Wohlfeil, Rainer (Hg.), Reformation oder frühbürgerliche Revolution?, München 1972.

Zeittafel

1483–1546	Martin Luther
1484–1531	Huldrych Zwingli
1463–1525	Kurfürst Friedrich der Weise v. Sachsen
1488/89–1525	Thomas Müntzer
1492–1503	Papst Alexander VI. Borgia
1493–1519	König (1508 Kaiser) Maximilian I.
1495	Reichstag zu Worms (Reichsreform)
1497–1560	Philipp Melanchthon
1500	Reichstag zu Augsburg (Reichsreform)
1502	Gründung der Universität Wittenberg
1503–1513	Papst Julius II.
1506	Gründung der Universität Frankfurt/Oder
1509–1564	Johann Calvin
1511	Luther in Wittenberg; 1512 Doktor der Theologie an der Universität
1513-1521	Papst Leo X.
1517	Luthers 95 Thesen gegen den Ablaßhandel; Beginn der Reformation
1519–1556	Regierungszeit Kaiser Karls V.
1519	Zwingli in Zürich; Beginn der Reformation in der Schweiz
1520	Luthers Reformschriften
1520	Kirchenbann gegen Luther
1521	Reichstag zu Worms: Wormser Edikt; Reichsacht gegen Luther
1522	Erscheinen von Luthers Übersetzung des Neuen Testaments
1523	Erste und Zweite Zürcher Disputation
1523–1534	Papst Clemens VII.
1524–1526	Bauernkrieg
1526	Erster Reichstag zu Speyer
1527	Gründung der Universität Marburg
1529	Zweiter Reichstag zu Speyer
1529	September-Oktober: Belagerung Wiens durch die Türken
1529	Religionsgespräch zwischen Luther und Zwingli in Marburg
1529	Luthers Kleiner Katechismus
1530	Reichstag zu Augsburg (Augsburger Bekenntnis)
1531	Gründung des Schmalkaldischen Bundes
1531	Schlacht bei Kappel: Tod Zwinglis
1534–1535	Täuferreich zu Münster
1534–1549	Papst Paul III.
1536	Wittenberger Konkordie
1538	Gründung des Bundes katholischer Reichsstände in Nürnberg
1540–1541	Religionsgespräche in Hagenau, Worms und Regensburg
1536–1538 und 1541–1564	Calvin in Genf (Prädestinationslehre)

1543–1546	Reformationsversuch des Erzbischofs von Köln, Hermann Wied
1545–1563	Konzil zu Trient (1. Periode 1545–1547, 2. Periode 1551–1552, 3. Periode 1562–1563)
1546–1547	Schmalkaldischer Krieg
1547–1548	„Geharnischter Reichstag“ zu Augsburg; Interim
1552	Fürstenrebellion
1550–1555	Papst Julius III.
1553	Gründung des Jesuiten-Kollegs in Wien
1555	Reichstag zu Augsburg; Augsburger Religionsfrieden

Glossar

Ablaß/Ablaßhandel: Nach der katholischen Lehre der außersakramentale, von kirchlichen Autoritäten gewährte Nachlaß zeitlicher Sündenstrafen durch v.a. finanzielle Zuwendungen an die Kirche.

Abt: In den Mönchsorden der katholischen Kirche im Allgemeinen ein Klostervorsteher (regierender Abt), der über die Angehörigen seiner Abtei oder auch über ihr Gebiet die ordentliche Gerichtsbarkeit ausübt. Die Wahl eines Abtes erfolgt durch den Ordenskonvent.

Allmende/Allmendrechte [althochdt. algimeinida >Allgemeinheit<]: Teil der Gemeindeflur, in der Regel Weide und Wald, der der Gemeinde gehört und gemeinsam genutzt wird.

Augustinereremit: Als Augustiner bezeichnete man ursprünglich katholische Ordensgenossenschaften, die nach der im 8. Jh. entstandenen „Augustinerregel" lebten. Die Augustinereremiten waren ein im 12./13. Jh. entstandener Bettelorden. Der sächsischen Ordensprovinz im Reich gehörte u.a. Luther an.

Bannbulle: Päpstliche Bulle (= päpstlicher Erlaß über wichtige kirchliche Angelegenheiten) über die Verhängung des Kirchenbannes.

Domkapitel: In der katholischen Kirche das Kollegium der hohen Geistlichen an einer bischöflichen oder erzbischöflichen Kirche (Kanoniker, Kapitularen, Dom- oder Chorherrn), die im Alten Reich den Bischof wählten. Daneben oblag dem D. die Durchführung des feierlichen Gottesdienstes und die Teilnahme an der Diözesanregierung.

Exkommunikation: Eine Kirchenstrafe, durch die Sünder und Häretiker aus der Gemeinschaft der Gläubigen ausgeschlossen werden. Ihre formale Mitgliedschaft in der Kirche bleibt bestehen. Die Rechtsfolgen der Ex. beinhalten v. a. den Ausschluß vom Empfang der Sakramente und der Ausübung der kirchlichen Jurisdiktion.

Fehde/Fehderecht: Feindschaft, eigentlich Privatkrieg. Bei den Germanen ursprünglich kriegsähnliche Auseinandersetzungen zwischen miteinander verfeindeten Sippen, die später von der Rechtsordnung anerkannt wurde. Kirche und Staat haben z.B. durch Gottes- und Landfrieden versucht, die Fehde einzudämmen. Durch den „Ewigen Landfrieden" von 1495 wurde sie verboten.

Historismus/historistisch: Eine Weltsicht, die alle Erscheinungen des kulturellen Lebens aus ihrer Geschichte heraus zu verstehen sucht. Da die geschichtliche Erkenntnis das Einmalige und Individuelle hervorhebt, gerät der H. in Gegensatz zu allen geistigen Strömungen, die auf das Allgemeine abzielen. Das eigentliche Erscheinungsbild des H. waren die Geisteswissenschaften, in denen im Laufe des 19. Jh. mehrere Historische Schulen auftraten.

Humanismus: Der H. war neben Renaissance und Reformation eine der großen Geistesbewegungen, die die Abwendung vom mittelalterlichen Gedankengut ermöglichten und die Frühe Neuzeit eingeleitet haben. Die Humanisten griffen vor allem auf die antiken griechischen und lateinischen Vorbilder zurück, die als Vorbilder für alle Aspekte der klassischen Sprache begriffen wurden und an deren Werk man sich zu orientieren trachtete.

Bei einigen Humanisten (v.a. Erasmus von Rotterdam) entstand der Gedanke einer neuen, freien Religiösität, die auf der eigenständigen Lektüre und Erforschung der Evangelien beruhte.

Kaplan, Pl. Kapläne [mittelhochdt. aus lat.]: Hilfsgeistlicher; Gehilfe und Stellvertreter des katholischen Pfarrers.

Klerus [griech.]: Der geistliche Stand in der katholischen Kirche, dem die Leitung der Kirche und das Lehramt ausschließlich vorbehalten sind. Kleriker wird man erst durch das Sakrament der Weihe.

Konkubinat [lat.]: Das K. bezeichnet eine dauernde außereheliche Geschlechtergemeinschaft, eine Art „wilder Ehe“, vor allem zwischen einem Kleriker und einer Frau aus dem Laienstand.

Konzil/Konzilbewegung [lat.] (griech. Synode): Versammlung; In der katholischen Kirche ein kollegiales und nicht ständiges Organ der Kirchenleitung, auch Bischofsversammlung genannt, die den Bischof oder den Papst berät und aus Vertretern des Bistum zusammengesetzt ist. Die spätmittelalterlichen Kirchenversammlungen versuchten das abendländische Schisma zu beenden und die kirchlichen Mißstände durch Reformen zu beseitigen. Als Höhepunkt dieser Bewegung gilt das Konzil von Trient. Letztendlich scheiterte diese katholische Reformbewegung im 16. Jh.

Kulturkampf: Der Kampf zwischen dem protestantischen preußischen Staat und der katholischen Kirche von 1871 bis 1887. In der neuen Zentrumspartei, der politischen Vertreterin des deutschen Katholizismus, sahen Bismarck und die Nationalliberalen den Sammelpunkt der preußenfeindlichen Gegnerschaft gegen das neue kleindeutsche Reich. Nachdem schon 1872 die Aufsicht aller Schulen in die Hände des Staates gelegt wurden, verweigerten die Katholiken die Anerkennung und Befolgung der sogenannten „Maigesetze“ (1873), die das kirchliche Leben ganz der staatlichen Regelung unterstellte. Seit 1875 erfolgte die Einstellung aller staatlicher Leistungen an die katholische Kirche. Trotzdem nahmen die Stimm- und Mandatzahl der Zentrumspartei stark zu. Unter dem gerade neugewählten und gesprächsbereiten Papst Leo XIII. leitete Bismarck Friedensgespräche mit der Kurie ein. Nach dem allmählichen Auftauen der kirchlich-staatlichen Beziehungen erklärte Leo XIII. den K. 1887 formal für beendet.

Kulturprotestantismus: Vielfach polemisch gebrauchte Kennzeichnung weiter Kreise in Theologie und Kirche um die Wende des 19. zum 20. Jhs. Ausgehend von Hegel sah der K. im evangelischen Christentum die wahre Darstellung der christlichen Gotteserkenntnis und Frömmigkeit.

Kurfürsten: Im Alten Reich diejenigen Fürsten, die zur Wahl des deutschen Kaisers berechtigt waren. Seit 1257 gelten nur 7 als Kurfürsten: die Erzbischöfe von Mainz, Trier und Köln, sowie der Pfalzgraf bei Rhein, der Herzog von Sachsen, der Markgraf von Brandenburg und der König von Böhmen.

Kurie/Antikurialismus: Die zentralen Verwaltungsbehörden des Papstes (Römische Kurie) bzw. eines Bischofs (Diözesankurie). Die Römische Kurie umfaßte u. a. die Kardinalskongregationen, Gerichtsbehörden, unterschiedliche Ämter und ständige Kommissionen für die verschiedenen Bereiche. Die Tendenz der Römischen Kurie, auch im Reich die eigene Jurisdiktion auf Kosten der Reichsgewalten auszudehnen und zu erweitern, rief im Alten Reich mitunter lebhaften Unwillen hervor und förderte die Opposition insbesondere gegen den Fiskalismus der Kurie.

Laienkelch: Die Gewährung des Kelchs (Gefäß, das den Wein enthält, der bei der Messe oder beim Abendmahl gespendet wird als Symbol des Blutes Christi). In der katholischen Kirche war der L. seit dem 12./13. Jh. abgeschafft bzw. wurde nur Klerikern gespendet.

Nobilitierung: Erhebung in den Adelsstand.

Patrizier: Die Oberschicht (Kaufleute, Ministerialen, Großgrundbesitzer) in mittelalterlichen Städten, aus deren Mitte sich der Rat der Stadt ergänzte.

Pfrund, Pl. Pfründe/Pfründenkumulation [althochdt. aus lat. praebenda >Unterhalt<]: Ein Kirchenamt, das mit einer Vermögensausstattung (Land, Geldvermögen, laufende Einnahmen) verbunden ist.

Reichsacht: Ausschluß eines Rechtsbrechers aus der Gemeinschaft und dem Rechtsverband des Reiches mit Wirkung für das gesamte Reich. Davon betroffene Rechtsbrecher galten als ehr- und rechtlos und konnten bei ihrer Ergreifung getötet werden.

Reichsfürsten: Ursprünglich ein von der Schicht der freien Herren und den Reichsgrafen geschiedener Stand, dessen Angehörige direkte Lehnsleute des Kaisers bzw. Königs waren und herzogliche oder herzoggleiche Stellung besaßen. Damit war die Gebietsherrschaft, später Landesherrschaft verbunden. Im Alten Reich gab es weltliche und geistliche Reichsfürsten, die im Reichsfürstenrat (ein Kollegium des Reichstags) Sitz und Stimme hatten.

Reichskammergericht: Im Alten Reich neben dem Reichshofrat das höchste Reichsgericht. Es wurde 1495 durch den Wormser Reichstag errichtet. In seine Zuständigkeit fielen u. a. Fälle von Landfriedensbruch, die Verhängung der Reichsacht, Streitigkeiten auf fiskalischem Gebiet.

Reichsstände: Bezeichnung für die nur dem Kaiser unterstehenden Glieder des Alten Reiches, die in einem der drei Kollegien des Reichstages (Kurfürstenkollegium, Reichsfürstenrat und Reichsstädtekollegium) Sitz und Stimme hatten (Reichsstandschaft). Die R. mußten an den Reichstagen teilnehmen, Truppenkontingente zum Reichsheer stellen und die vom Reichstag bewilligten Reichssteuern aufbringen.

Sakramente: Nach der Lehre der römischen Kirche von Christus eingesetzte äußere Zeichen, die die heiligmachende Gnade verleihen oder vermehren. Es handelt sich im einzelnen um die folgenden 7 Sakramente: Taufe, Firmung, Altarsakramente, Abendmahl, Buße, Priesterweihe, Ehe, Letzte Ölung. Die Gnadenwirkung hängt nicht von der Würdigkeit des Spenders ab. Im Protestantismus blieben nur die Taufe und das Abendmahl bestehen.

Schisma, Pl. Schismen [griech. >Spaltung<]: Kirchenspaltung, besonders das Schisma von 1054, das die Spaltung zwischen der lateinischen und der orthodoxen Kirche vollendete und bis zum heutigen Tag andauert, und das große abendländische Schisma (1378–1417), bei dem sich zwei, dann sogar drei Päpste gegenüberstanden.

Scholastik [lat. scholasticus >zur Schule gehörig<]: Die christliche Theologie und Philosophie des Mittelalters. Sie ist gekennzeichnet durch die Verbindung der christlichen Offenbarungslehre mit philosophischem Denken. Die scholastische Methode zeichnet sich aus durch klares Herausarbeiten der Frage, scharfe Abgrenzung und Unterscheidung der Begriffe, logisch geformte Beweise sowie Erörterung der Gründe und Gegenstände in formgerechter Disputation.

Schollenpflicht: Rechtliche Bindung der auf dem landwirtschaftlichen Besitztum eines Herren arbeitenden, in der Regel erbuntertänigen Bauern. Die Schollenpflicht beinhaltete vor allem das Verbot, ohne die Einwilligung und Genehmigung des Herren wegzuziehen, eine Erbschaft anzutreten oder zu heiraten. Darüberhinaus waren die Bauern dazu verpflichtet, dem Herren Dienste und Abgaben in unterschiedlicher Höhe zu leisten

Tagsatzung: In der Schweiz bis 1848 die Versammlung der Gesandten der „Orte" (Kantone) oder der „Stände" zur Behandlung gemeinsamer Angelegenheiten.

Zunft/zünftisch: Fachgenossenschaftliche Vereinigung von Handwerkern und Gewerbetreibenden einer Stadt. Sie verwalteten sich nach eigenem, in den Zunftbriefen niedergelegtem Recht, das für alle Mitglieder und deren wirtschaftliche Aktivitäten verbindlich war. Trotz des Widerstandes der Patrizier errangen die Zünfte in langen Kämpfen zumeist Anteil an der Stadtherrschaft.

Namenregister

Die Namen lebender Autoren bzw. von Verfassern wissenschaftlicher Literatur erscheinen kursiv.

Register der geographischen Begriffe